用文化润泽校园

陈加付 著

中国矿业大学出版社
·徐州·

图书在版编目(CIP)数据

用文化润泽校园 / 陈加付著. —徐州：中国矿业大学出版社，2023.9

ISBN 978-7-5646-5979-0

Ⅰ.①用… Ⅱ.①陈… Ⅲ.①中小学—校园文化—建设—研究 Ⅳ.①G637

中国国家版本馆 CIP 数据核字(2023)第 191501 号

书　　名 用文化润泽校园

著　　者 陈加付

责任编辑 侯　明

出版发行 中国矿业大学出版社有限责任公司

（江苏省徐州市解放南路　邮编 221008）

营销热线 (0516)83885370　83884103

出版服务 (0516)83995789　83884920

网　　址 http://www.cumtp.com　**E-mail**:cumtpvip@cumtp.com

印　　刷 苏州市古得堡数码印刷有限公司

开　　本 787 mm×1092 mm　1/16　**印张** 13.75　**字数** 218 千字

版次印次 2023 年 9 月第 1 版　2023 年 9 月第 1 次印刷

定　　价 39.00 元

前　言

2020年9月8日，习近平总书记在全国抗击新冠肺炎疫情表彰大会上的讲话中指出："文化自信是一个国家、一个民族发展中最基本、最深沉、最持久的力量。向上向善的文化是一个国家、一个民族休戚与共、血脉相连的重要纽带。"

作为教书育人主阵地的学校，在发展过程中，都会形成包括学校办学目标、师生价值观、教学习惯、行为规范和规章制度在内的独特精神，从而形成风格迥异的学校文化。

文化如春雨，润物细无声。独特的校园文化是每一所学校持续发展的不竭动力，是凝聚师生精气神、展示学校完美形象、提升学校知名度的重要载体。向上向善、符合时代气息的校园文化必将对学生的人文道德素养、视野和"三观"产生潜移默化的影响，同时这种深远影响也是任何学科课程都无法替代和比拟的。

学校因文化而成名，学校因文化而灿烂。学校文化之于一所学校的意义，犹如灵魂之于生命、思想之于人类，是一所学校的凝聚力和活力的源泉。富有魅力的学校文化会衍生出一股强大的文化力，它无时不在，润物无声，能使学校品质卓然，绽放个性光彩。

薛城奚仲中学因文化而成名，在传承文化中发展文化。学校生于盛世却不独享其乐，而以改革创新为己任，在汲取奚仲文化精髓的同时，将之发扬光大。

创新是学校的文化标签，独具学校特色，铸就品牌之魂，演绎文化之韵。在这里，中华智慧生生不息，学校将创新融入教育的方方面面，为学校发展提供了源源不断的动力。学校以此为文化内核，绘出学校文化的方圆。方圆之中，学校以唯先必争的气魄和胆识，增强发展动力；仰先贤之德，习自身品德，建设和谐新风；创新以人为本，致力于师生幸福。

岁月不居，时节如流。弹指间，在奚仲中学已经工作二十余载，见证了学校的风雨历程和花开花落，感觉唯有学校文化在一批批奚仲师生的传承与创新中生生不息，自然绽放。

本书就学校理念文化和视觉文化两个方面，向各位读者展示一下我校校园文化的独特魅力。因个人知识水平和能力有限，难免出现错误与不足，敬请批评指正。

陈加付

2023 年 8 月

目　　录

前言 …………………………………………………………………… 1

第一篇　学校基本理念文化

第一部分　学校办学基本理念 ………………………………………… 3
第二部分　学校行为文化理念 ……………………………………… 14
第三部分　学生德育管理理念 ……………………………………… 27
第四部分　学校课堂教学理念 ……………………………………… 42
第五部分　学校教科研理念 ………………………………………… 60
第六部分　学校科技创新理念 ……………………………………… 65
第七部分　学校校本课程(节选部分内容) ………………………… 74
第八部分　学校五年发展规划理念 ………………………………… 97

第二篇　学校视觉文化系统构建

第一部分　学校视觉文化 ………………………………………… 127
第二部分　学校环境文化系统赏析 ……………………………… 202

第一篇

学校基本理念文化

第一部分　学校办学基本理念

核心理念方面

【核心理念】

1. 定义：核心理念是学校用于指导教育教学行为与管理经营活动的最高价值标准，是学校一切行为的起点和归宿，是学校理念文化系统的灵魂。

2. 薛城奚仲中学的核心理念是：

创新

3. 阐释：

薛城奚仲中学(简称“学校”)所处之地是造车鼻祖奚仲的故乡，历经千年文化洗礼，积淀了深厚的文化底蕴。奚仲的贤者品质在这里散发馨香，以“求创新，求改革，求发展”为内涵的奚仲精神在这里萌芽生长。

创新是学校的精神之魂，与时代精神高度契合。学校生在盛世，沐浴和谐之风。以此为基石，师生在创新精神的感召下，与时俱进，合作进取，为学校的发展插上了腾飞之翼。

创新是教育的活力之源，争先则为学校发展注入无穷动力。创新之路，如瀚海探珠，必须具有超前意识，方可洞察先机，步步为“赢”；争先之途，如激流勇进，必须葆有十分锐气，才能敢于决策，快速行动。

创新是自强之争，是爱校的证明。胜人者力，自胜者强。学校要发展，步伐要走在教育的前列，更要超越自我，实现自我的真正强大。师生要为自己而创新不止，更要为学校而奋斗不息，因为师生的成功与学校发展紧紧相连。全体奚仲人要传承奚仲的创新精魂，以教育之名，爱校荣校，自强不息，培育名生，培养名师，创建名校。

【学校愿景】

1. 定义：学校愿景描绘的是学校的未来发展蓝图，是全校师生的共同愿望。

2. 薛城奚仲中学的学校愿景是：

心拥幸福、卓立齐鲁的品牌学校

3. 阐释：

幸福是一种心理体验，也是一种追求的过程。教育就是要在教与学的过程中，追求快乐、追求幸福。我们怀着让师生幸福的心愿建设学校，力求使之成为师生的精神家园，希望师生在其中享受教育的快乐，在浓浓的关爱之中，实现教师成功、学生成才。

卓立齐鲁是奚仲人的不懈追求。学校立足齐鲁，弘扬奚仲文化，以创新的精神、永争第一的果敢，在激烈的教育竞争中定能尽显风流。卓立齐鲁，表达了奚仲人广博的胸襟和宽阔的视野，描绘出了学校未来发展的宏伟蓝图。

学校以奚仲文化提升内涵，靠办学特色树立品牌，树名师、育优生，不断提升办学品质，同时注重教育的多元化发展和办学设施的信息化建设，力争成为心拥幸福、卓立齐鲁的品牌学校。

【学校精神】

1. 定义：学校精神是学校在长期的办学实践中自觉提炼的、被学校全体成员认同的精神支柱，它对全校师生具有导向和激励作用。

2. 薛城奚仲中学的学校精神是：

同心共进　唯先必争

3. 阐释：

同心共进：《易传》有名言“二人同心，其利断金”。“同心”即齐心，指学校上下团结，同心同德，善于合作，并以合作促发展。全校同心，会产生强大的向心力、凝聚力，能最大限度地集中优势力量，激起全体师生的工作和学习热情，形成合作共进的校园氛围，从而实现学校的持续健康发展。

唯先必争：现代社会，竞争乃生存之道，困难和机遇并存。一个“先”字，饱含创新的激情，开拓的锐气。唯先必争的精神，传达了学校一往无前、勇争一流的奋进精神，激励着学校师生积极寻找新思路，时时争先，处处争先。唯如此，学校才能走在时代前列，成就精品名校。

【校训】

1. 定义：校训是学校在长期办学实践中形成的，对全校师生具有规范、警策和导向作用。它能概括学校的整体价值取向、独特气质、文化底蕴，蕴含师生的道德理想、人格特点和历史责任。

2. 薛城奚仲中学的校训是：

仰贤明德　行健日新

3. 阐释：

仰贤明德：贤者，德才兼备之人也。明德，即彰明美德，语出《礼记·大学》：“大学之道，在明明德，在亲民，在止于至善。”奚仲以其德才之贤名于古今中外，为万世景仰。学校以奚仲命名，鼓励师生秉承仰贤之心，见贤思齐。教师当以贤为镜，立师品，树师德，为人师表，将美德根植学生心中，引导学生修身立品。学生要仰先贤之风，将品行修养浸润于学习生活的方方面面，做德行高尚之人。

行健日新：行健，出自《周易》：“天行健，君子以自强不息”，意为做人做事应该刚毅不屈，百折不挠。汤之《盘铭》曰：“苟日新，日日新，又日新。”“日新”即日日有新，日日求新。学校仰奚仲之贤，承其创新精髓，时刻把握时代脉搏，以创新思维，与时偕行；鼓励师生以坚忍不拔之志付诸教育教学实践，日日更新，成就每天进步一点点；时时创新，让学习与生活充满活力与激情。

“仰贤明德，行健日新”的校训，与“创新”的核心理念一脉相承，立足奚仲文化，挖掘其文化精髓为我所用，勉励师生仰贤者，做德高之人；健于行，做日新之人。

【校风】

1. 定义:校风是学校风气的总称,包括师生在工作、学习、生活中养成的风气,以及在学校发展历程中所积淀的优良文化氛围。

2. 薛城奚仲中学的校风是:

博学笃行　和谐致美

3. 阐释:

博学笃行:语出《礼记·中庸》:“博学之,审问之,慎思之,明辨之,笃行之。”博学,即学识渊博。笃行,指切实地践行。这就要求师生在为学过程中,不仅要广泛涉猎、兼容并包,使为学具有世界眼光和开放的胸襟,同时要培养充沛而旺盛的求知欲和兴趣,并切实地将理论应用于实践活动之中,真正做到知行合一。

和谐致美:学校的教育应该是和谐的教育,校园应该是和谐的家园。唯有如此,学校才能溢满亲情,才可以实现各种资源的优化组合,并产生强大的凝聚力和向心力。致美,即达到完美。我国传统文化强调,和谐即为美。和谐的校园文化,有助于学校工作的顺利开展。和谐、致美,相辅相成,体现了学校和睦融洽而又积极追求完美的良好风气。

【教风】

1. 定义:教风就是教师在治学态度、教书育人、科学研究等方面形成的良好风气。

2. 薛城奚仲中学的教风是:

竞合凝智　善教启新

3. 阐释:

竞合凝智:顾名思义,竞,即竞争;合,指合作。在教育教学工作中,教师之间、师生之间都要不断加强交流与合作,以开放的心态、务实的作风、合作的精神,相互学习、相互切磋,形成人人互动、和谐共进的良好为学氛围;同时,要在协作的基础上,形成良性的竞争氛围。唯有如此,才能进一步促进学校育人质量的不断提升。

善教启新：善教，即善于教学，是对教师教学技艺的要求。面对自己，教师要善于从教学中总结方法、启迪新知，实现教学合一；面对学生，教师要充分发挥自己引路人的主导作用，尊重学生主体地位，授之以渔，教给学生学习知识、解决问题的方式和方法，激发学生的创新意识，开启学生的创新之门，让学生感受学习的乐趣。

【学风】

1. 定义：学风是学生在学习过程中应该养成和遵循的风气，是取得良好学习效果和成人成才的保证。

2. 薛城奚仲中学的学风是：

善思明辨　乐学敏行

3. 阐释：

善思明辨：善思，即善于思考，勤于思考。学贵善思，学习要多思多想、巧思妙想，学会挖掘问题的深度和广度。明辨，即明确地分辨。要求学生在学习过程中，学会探究事物的真伪，做到去粗取精、去伪存真，把握其规律所在，为创新提供可靠保障。

乐学敏行：孔子云："知之者不如好之者，好之者不如乐之者。"乐学，即寓学于乐，享受求知的快乐，以此激发自身的求知兴趣和为学热情，提升知识素养。敏行，指敏于践行，要求学生将所学知识切实应用于实践活动之中，做到学以致用、知行合一。

教育理念方面

【教育理念】

1. 定义：教育理念是学校教育者必须遵从的、从事教育教学活动的基本价值取向。

2. 薛城奚仲中学的教育理念是：

让创新为师生成长导航

3．阐释：

创新是一个民族进步的灵魂，是一个国家兴旺发达的不竭动力。对于奚仲中学而言，创新充分展现了学校的办学理念，弘扬了独具自身特色的奚仲文化。

在学校的历史文脉中，创新精神已深深根植于师生的内心深处。它充分展现了灵活把握教育规律、创新教育观念、改革教学方式方法的文化气息，展现了求知创新的良好校园氛围。

当前，学校作为教育教学的实践基地，应进一步发挥创新潜力，鼓励师生发掘自身潜能，彰显个性与特长，在创新精神指引下，与创新相伴，将其运用到学校工作的方方面面，贯穿于学校发展的全过程，为师生成长导航，为师生发展搭建平台，为师生的幸福人生奠基。

总之，创新已成为学校永葆生机与活力的源泉，也是学校永立潮头的根本。因此，学校应矢志不渝地弘扬创新理念，切实为师生的健康成长导航。

【办学策略】

1．定义：办学策略是从学校的现实形态中高度概括出来的，为提升学校的核心竞争力而着重实施的策略。

2．薛城奚仲中学的办学策略是：

科研先行，创新谋发展

开放办学，质量铸品牌

3．阐释：

科研先行，创新谋发展：科研是学校发展的动力，为提高教学水平，促进学校持续发展，学校全面实行创新教育活动，积极开展科研创新，力求提升教育的丰富性、生动性和创新性。学校以科研为引领，以实践为抓手，在实践中实现创新，在创新中推动学校健康发展。

开放办学，质量铸品牌：开放办学是现代学校的一个基本属性，教育质量是学校发展的生命线。通过开放办学、加强校际交流，可以开阔教育视野，提升学校育人质量。学校注重加强与其他先进学校的合作，吸取他们的先进经验，从而提升办学质量，铸就精致品牌。

【办学目标】

1. 定义：办学目标是对学校总体形象的框架性描述，是在学校现实形态和未来趋势的结合点上对学校发展方向所作的高度概括。

2. 薛城奚仲中学的办学目标是：

人民满意的精品学校

3. 阐释：

人民满意：教育应该为人民服务。办人民满意的教育以素质教育为基础，关注民众对教育的需求，立足学校实际，着眼社会需求，在夯实育人成绩的基础之上，努力从学校各个方面着手提升教育教学品质，以创新思想为契机，让学生成才，让家长放心，让社会满意。

精品学校：精品学校是全校师生的不懈追求，强调教育质量和教育品位的提升，这个目标来自教育崇高的使命感和对自身实力的信心。学校拥有高素质的教师队伍、高标准的教育教学设施、领先的教育教学理念，致力于让教师成功、让学生成才。

【培养目标】

1. 定义：培养目标是学校所肩负的育人使命，体现了学校培养的学生所具备的基本素质。

2. 薛城奚仲中学的培养目标是：

厚积薄发、励志有为的现代中学生

3. 阐释：

厚积薄发：厚积，指大量地、充分地积蓄；薄发，指慢慢地释放。在此，强调学生对知识和能量的日积月累，既要有合理的知识结构与储备，有较强的思维能力和创造能力；又要具备足够的理性，以及较强的适应能力和心理承受能力，并在时机成熟之时，淋漓尽致地展示自我。

励志有为：励志，即磨砺意志，这是学生成人、成才的必要条件；有为，即有所作为，实现人生价值。这就要求学生既要具备远大的志向，又要有勇往直前的进取精神，进而为早日有所作为提供可靠保障。

现代中学生：学校致力于培养具有现代特质的中学生，要求学生勇于接受新知识、适应新环境、迎接新挑战，具备创新能力和可持续发展能力，以完善的人格和丰厚的学识，自信面对未来。

管理理念方面

【管理理念】

1. 定义：管理理念是学校管理工作中所秉承的准则和价值追求。

2. 薛城奚仲中学的管理理念是：

严管真爱　民主高效

3. 阐释：

严管真爱：体现了制度管理与情感管理的相互融合。严格的管理是学校发展的基础和保障。真爱，要求学校在管理活动中以真爱之心待师生，这样有助于团结师生，培养其日常管理的自觉性和主动性，进而使师生做到言有规、行有范，一言一行彰显良好校园风貌。

民主高效：民主，彰显了学校的人文关怀，要求尊重人、理解人、包容人，以人本精神陶冶师生情操，将爱心深深根植于师生的内心深处。高效，强调了管理工作所要实现的目标。这就需要学校优化配置和利用各种教育教学资源，进而促进学校各项工作健康有序开展。

【人才理念】

1. 定义：人才理念是学校的用人观念、用人思想。它包含“充分尊重人才，广泛发掘人才，精心培育人才，放手使用人才”四方面的内容。

2. 薛城奚仲中学的人才理念是：

德才兼备　有为有位

3. 阐释：

德才兼备：优良的品德是人之立世的根本，才能是成就事业的必备条件。奚仲作为学校的文化表征，彰显了学校的用人思想，表明学校在选用人才时，高度重视人才的德智双修，力求培养师德高尚、业务精良、有合作精神与创新意识、德智双馨的优秀教育工作者。

有为有位：根据人的才能特点，安排相应的位置，使其发挥潜能，绽放光和热。在学校发展过程中，可以根据实际需要，创设新的适合发挥人才潜能的工作岗位，使人才散发金子的光芒，担当栋梁的大任，使每一个人都在自己的岗位上实现人生价值。

【服务理念】

1. 定义：服务理念即学校各级领导对教职员工、全体教职员工对学生及其家长所应遵循的理念。

2. 薛城奚仲中学的服务理念是：

育人爱为源　创新人为本

3. 阐释：

育人爱为源：育人是学校所肩负的最为神圣的社会使命，而“爱”是学校服务理念的最高原则。学校应始终坚持以爱为源，用爱去关心师生、鼓励师生、服务师生，让爱成为教育的永恒主题。如此，方能引起师生的共鸣，拉近师生与学校的距离，增进情感交流，同时学校也可以赢得更广泛的赞誉与支持，从而获得更多的发展机遇。

创新人为本：学校的发展离不开创新，学校的服务也需要创新。学校从师生需求出发，将创新意识贯穿于服务之中，关心教师生活，关爱学生成长，树立精益求精的服务标准，力求提供最优质的服务。这种充满人文关怀的服务理念，体现了学校以人为本的教育追求，温暖了师生，凝聚了人心，也必将提升学校的美誉度。

誓词宣言

【教师誓词】

作为一名薛城奚仲中学的教师，教书育人是我神圣的天职，学生是我服务的对象。在此我庄严宣誓：

以德养德，以智启智。

崇尚合作，践行教育追求和人生理想；

勇于创新，形成别具一格的教育艺术。

善教有方，有效引领学生的人生发展；

全面育人，致力每位学生的健康成长。

对教育，我将倾注百分热爱；

对学校，我愿奉献全部心力。

【学生誓词】

我是薛城奚仲中学的一名学生，我为在这里学习感到自豪！在此我庄严宣誓：

崇仰先贤，涵养自我品德；

弘扬精神，传承创新品格。

善思明辨，做自立自强的学生；

乐学敏行，做学以致用的学生。

我会牢记父母嘱托——争强，争气，争荣光；

我会铭记师长教诲——成人，成才，成天下。

【学校宣言】

1. 定义：学校宣言是学校就教育教学理想而对外发布的公告。它是学校理性形象的集中展现，是学校对社会的庄严承诺。

2. 薛城奚仲中学的学校宣言：

薛城奚仲中学位于奚仲故里，传承历史悠久的奚仲文化，挖掘其精神内涵，并以创新为坐标，以坚韧践行成功，成就学校不凡气度，是全校师生的不懈追求。

学校长于创新，以争先赢得发展；精于品质，以质量铸就品牌；崇尚和谐，用同心共筑师生发展平台。

我们满怀教书育人的光荣与责任，一切为了学生的未来发展，让希望之舟在这里起航，让梦想之门在这里开启。思路决定出路，学校全体师生坚信，只要勇于创新，拼搏不息，就一定能实现我们的奋斗目标——心拥幸福、卓立齐鲁的品牌学校！

第二部分　学校行为文化理念

前　言

教育不仅是知识的传递,更是生命的唤醒与人格的塑造。学校行为文化作为育人生态的核心载体,承载着价值引领、品行涵养与精神传承的使命,是全体师生共同遵循的价值准则与行动自觉。

我们始终坚信,优质的行为文化是学校发展的灵魂根基。它生长于课堂内外的教育瞬间,凝结于师生交往的日常细节,既需要显性的制度规范与课程浸润,更依赖隐性的精神感召与文化认同。通过构建具有校本特质的价值体系与行为范式,我们致力于培养心怀家国、崇德尚礼、知行合一的现代公民,让文明修养内化于心,外显于行。

在新时代教育使命的引领下,我们将持续深化"以文化人、以行立品"的实践,通过系统化的行为文化建设,营造崇真向善、和谐共生的育人生态,让师生在文化自觉中实现精神成长,使学校成为滋养品格、润泽生命的沃土,共同绘就"立德树人"的教育图景。

校本仪式

一、升旗仪式

每周一升国旗，并增加升校旗、呼校训、唱校歌的程序。

二、校庆仪式

以“规章”的形式确定每年的校庆日，并举办相应的庆祝活动。一般校庆仪式如下：

“小庆”(每五年)——校门口展示庆祝横幅，开辟相应的宣传专题，在学校宣传栏、校园网、校报、校刊开设专题庆祝宣传。

“大庆”(逢十年)——包括上述形式，此外还举办全校性的校庆大会、校友联谊会、师生文艺汇演、办学成就展、媒体广告宣传等。

校庆活动主题应围绕学校鲜明的特色文化展开，并紧密结合学校办学实际，对学校视觉符号进行宣传、应用，以优异的教育教学质量为基础，形成系统的品牌效应。

三、新生开学典礼

1. 新生穿校服参加升旗仪式。

(1) 升国旗、唱国歌；

(2) 升校旗、唱校歌、诵读校训。

2. 校长致辞。

3. 解读学生誓词，并由学生代表带领新生庄严宣誓。

4. 颁发《学生手册》。

四、毕业典礼

1. 毕业生穿校服参加升旗仪式。

2. 校长致辞。

3. 校长或校长代表向学生颁发毕业证书。

4. 优秀毕业生的表彰仪式,展现优秀毕业生风采,教育在校学生学习其优秀品质和感人事迹等。

5. 将毕业仪式的全过程录像发布到校园网,供师生下载留念。

五、新教师上岗仪式

1. 校长宣讲学校宣言。

2. 校领导解读教师誓词内容,并带领新教师宣誓。

3. 颁发《教工手册》。

4. 骨干教师与新教师举行“拜师结对”仪式。

学校品牌策略

1. 品牌名称:创新成就未来。

2. 指导思想:以品牌建设形成学校高度的凝聚力和创造力,赢得广泛的社会赞誉。

3. 实施策略。

(1) 品牌策略。

品牌策略是指品牌拥有者对本品牌的特性和品质所给予的明确界定,并使受众对其产生积极的心理效应。它以品牌为出发点,以受众心灵为归宿。

(2) 品牌内涵。

① 创新意识的萌芽——好奇。

黑格尔说过:“要是没有热情,世界上任何伟大事业都不会成功。”所有个人行为的动力,都要通过他的头脑转变为他的愿望,才能使之付诸行动。一个学生仅仅记住了各种定理与公式,不能把学到的知识用于发现新问题,不能解决实际问题,只学习老师讲的知识,只记忆书本上的知识,是远远不够的,他应能够在课堂上学到的知识的基础上,勇于探索,善于创新。教师应在教学中引导和培养学生的好奇心理,这是唤起创新意识的起点和基础。

② 创新思维的营养——兴趣。

伟大的教育家孔子说："知之者不如好之者，好之者不如乐之者。"可见他特别强调兴趣的重要作用。兴趣是最好的老师，兴趣是感情的体现，是学生学习的内在动力。事实上，只有对一件事感兴趣，才能自觉地、主动地、竭尽全力去观察它、思考它、探究它，才能最大限度地发挥学生的主观能动性，容易在学习中产生新的联想，进行知识的迁移，做出新的比较，综合出新的成果。

③ 创新行为的举措——质疑。

我国古代教育家早就提出"学贵有疑，小疑则小进，大疑则大进""学从疑生，疑解则学成"。20 世纪中期美国教育心理学家布鲁纳认为，发现教学有利于激活学生的智慧潜能，有利于培养他们学习的内在动机和知识兴趣。教师应"以学生为中心"，多渠道地培养学生的创新能力，发挥学生的主体作用，让他们积极地参与学习的过程，做学习的主人，开启创新思维的闸门。

④ 创新学习的方法——探索。

教师应从教育教学活动中总结和探究新方法，教导学生由接受学习向创新学习转变，应用多种现代创新性的学习方法改变传统的学习思维和学习方法，以提高学校品牌的美誉度和知名度。

a. 自主学习法。

自主学习，是指学生充分发挥个体主观能动性而进行的创新性学习。学生进行创新学习，既要有明确的目标意识，主动规划和安排自己的学习，又要在大量信息面前，具有捕捉信息、敏锐感受和理解的能力，并能根据自己的需要进行分类、整理；学生参与集体生活，和集体成员相互协作、互相尊重，对社会有强烈的责任感、义务感；学生不满足于获得现成的答案或结果，对所学习的内容能展开独立思考，进行多向思维，创造性地探索新的问题。

b. 问题学习法。

问题学习，就是学生能带着问题学习，并不断寻找信息，提出解决问题方案的学习。学生的学习方式不是被动地记忆，而是敏锐地发现问题，主动地提出问题，从多个角度寻求解决问题的方法。这也意味着学习结论具有多元性，不一定只有一种解决方案，充分体现了学生学习的探索性。

c. 开放学习法。

开放学习是针对传统的课堂教学而言的一种教学组织形式。其教学活动不局限在教室，可为学生提供参观、实践场所，准备必要的图书资料、学习器材等。学生不分年级也不按能力分组，而是按各自的兴趣和需要，采取不同的学习方式、进度和内容。教师的任务是创造一种学生喜爱的环境，并对学生提供必要的引导、建议和帮助。

（3）品牌培训。

学校对教师进行的相关品牌培训，已逐渐成为实现品牌建设目标的基础。学校应利用各种形式，向教师解读品牌的概念和品牌建设的意义，介绍如何在教育教学过程中体现“创新成就未来”的深刻内涵。

（4）品牌化运营。

品牌化运营，是指学校的主体工作以凸显品牌形象为重心，将品牌建设过程与体现办学导向、实现发展战略、满足受教育者需求等学校的根本任务有机结合的办学形态。

薛城奚仲中学的品牌化运营，就是指在常规教育教学与学生的自主发展和养成教育方面寻求最佳结合点，以此发挥“创新成就未来”的品牌作用。

特别提示：学校应制定《学校品牌化运营的指导意见》《品牌识别与运用的管理原则》。

（5）品牌传播。

品牌传播是提升学校知名度和美誉度的重要方式，因此，在学校发展进程中，不仅要进一步提升学校的教育教学质量，提高学校声誉，同时要进一步加强学校的品牌传播能力，树立品牌形象。

这就需要制订品牌传播规划，明确宣传的内容、时机、方式、受众对象等；策划公关活动，树立品牌形象；对品牌传播效益进行战略性监控。

（6）品牌诊断。

学校品牌的诊断主要是针对品牌架构及其社会影响力进行定性分析，反思其优劣成败。主要方式有社会民意调查、座谈、深度访谈、撰写和提交个人总结报告等，必要时可邀请相关机构或专家进行品牌监理。

学校管理策略

一、公共关系策略

（一）成立学校公共关系部

1. 人员组成。

校长任部长，副校长、办公室主任、教师代表任成员。

2. 职责目标。

学校公关活动目的及指导思想的确定；

学校公关对象的确定，重点对象和普通对象的划分；

学校公关策略的确定；

学校公关计划的制定；

学校公关活动的实施；

学校公关活动实施效果的评估、诊断、改进；

学校与社会的相互了解；

赢得社会对学校的信心与支持；

使学校合理地运用社区资源；

学校与社会合作，从而使自身利益获得更大的保障与提升。

（二）策略实施

1. 指导思想。

拓展发展空间，提升学校美誉度。

2. 运作过程。

(1) 确定学校的公众关系脉络，了解公众的背景、态度及需求；

(2) 拟订学校公共关系计划，并制定具体方案；

(3) 执行学校公共关系计划及方案；

(4) 评估并加以修正。

3. 遵循原则。

（1）互利互惠原则；

（2）双向沟通原则；

（3）诚实守信原则。

4．具体实施（如表1-2-1所示）。

“公众对象”一栏列出的是学校公关针对的群体，“需求”一栏是公众对象对学校的需求，“策略”一栏是针对各公众对象的不同需求的对应策略，“措施举例”一栏则列举了部分策略的具体做法。

表1-2-1　具体实施

<table>
<tr><th>公众对象</th><th colspan="2">需　求</th><th>策　略</th><th>措施举例</th></tr>
<tr><td>教师</td><td colspan="2">物质要求：稳定的职业；良好的工作环境。
精神要求：丰富的精神生活；有效的领导；和谐的人际关系；必要的知情权、参与权；职业生涯的规划设计；受尊重权和人格尊严</td><td>制订教师管理规划、教师职业发展规划；密切干群关系、师生关系；设立教职工代表大会；明确工会的职能</td><td>成立教师沙龙</td></tr>
<tr><td>学生</td><td rowspan="2">校风优良；教学质量一流；品牌学校；收费合理；师生关系和谐；必要的知情权，参与权；良好的校园环境和周边环境；学习型校园</td><td>学生文体活动的丰富多彩</td><td rowspan="2">保障学校教学秩序和质量；理顺师生关系；丰富校园生活；收费合理并公示；设立公共关系部，学校与家长互动，向家长通报校情</td><td rowspan="2">每学期举办一次校长接待日和家长开放日；举行家长研讨会；实施家庭访问制度；管理好校长信箱、党群联系箱、举报箱</td></tr>
<tr><td>家长</td><td>对学校的发展规划，运作方式有适度的知情权和参与权</td></tr>
<tr><td>教育行政机构</td><td colspan="2">遵守各种法规政策；保证教育教学质量；有效的管理；树立良好的学校形象；发挥示范作用；保障学生安全</td><td>认真执行各项法规；建立定期汇报制度；加强管理；进行媒体宣传和公关</td><td>—</td></tr>
</table>

二、人力资源管理策略

（一）校内授衔策略

1．定义。

校内授衔指的是学校为教师设置各种展现才能水平、具有不同等级的荣誉名衔，通过一定程序将之授予优秀教师。

2. 目的。

实现学校的可持续性发展，完善激励机制，调动广大教师专业成长的积极性、能动性。

3. 称号。

A级称号：市级及以上荣誉称号；

B级称号：区级荣誉称号；

C级称号：校级荣誉称号。

4. 操作程序。

(1) 教师根据相关等级标准自荐自评；

(2) 学生评议，教职工自评、互评，部门评议；

(3) 办公室、教导处分别统计月度考核、年度考核数据；

(4) 学校评审小组综合上述所有信息确定相关人选；

(5) 公示、公布获奖人员名单并颁发“荣誉证书”。

5. 领导措施。

(1) 每学年评选一次；

(2) 与评优评先、职称晋级、奖励分配挂钩；

(3) 每一等级的荣誉称号都应规定相应比例。

(二) 薪酬激励策略

1. 定义。

绩效工资作为最基本的激励方式，应保证其公平性、公正性、竞争性和激励性。学校应以调动员工的积极性为目标，选择合理的奖励形式，调整绩效工资结构。

2. 目的。

(1) 以绩效工资为杠杆，增强教师的责任心和竞争意识；

(2) 明确奖励的公正性和公开性，营造良好的竞争环境；

(3) 合理的奖励能有效促进学校发展。

3. 涉及问题。

员工的心理期望值、员工的心理平衡感、激励效果的持续时间等。

4. 遵循原则。

（1）有利于学校的发展规划，能够让教师认识到奖励策略的价值；

（2）公开奖励的标准、程序；

（3）教师的奖励比例同学校的整体绩效相协调；

（4）教师参与方案的制定；

（5）绩效工资方案要得到大部分教师的认可；

（6）实行“效率优先”的原则，鼓励优劳厚酬；

（7）形式多样化，包括现金奖励、物质奖励、荣誉奖励、进修奖励等。

5．操作程序。

（1）学校征集绩效工资方案意见；

（2）学校行政部门审议方案初稿，召开教代会审议完善并公示；

（3）教代会通过方案并载入《教工手册》；

（4）学校办公室为本方案的执行机构。

（三）项目管理策略

1．定义。

学校的项目管理是指学校全体人员利用现有的各种资源，运用系统的观点和方法，对项目涉及的全部工作进行计划、组织、协调、控制、评价等形式的有效管理。

2．目的。

激发教职工的主人翁意识和工作热情，促使教职工向“名师型”教师发展；明确决策的民主性与参与性，提升学校的管理效能。

3．适用范围。

（1）相对单一、完整的工作，诸如招生策划、入学仪式和毕业典礼的策划、后勤服务社会化改革等；

（2）需要多个部门协作完成的工作，如校庆策划、学校创新机制的研究、教师奖酬方案的制定等；

（3）改变原有的思维定式，寻求突破创新的工作，如学生拓展训练、教学效能评估等；

（4）未曾做过，需积极尝试或集思广益的工作，如教师教学音像档案的设计和制作等。

4. 操作程序。

(1) 定项目—招标—教师投标自荐—论证甄选—确定中标者；

(2) 建立项目组—实施项目计划—项目自评；

(3) 评估项目绩效—公布及奖励项目成果；

(4) 实施项目成果。

5. 领导措施。

(1) 设计适合实际的项目；

(2) 以竞标方案为选择准绳；

(3) 确定协调服务的职能部门；

(4) 实质性授权；

(5) 适时地调控和恰当地评估；

(6) 合理地奖励；

(7) 有效保障项目成果的转化。

(四) 优势发展策略

1. 定义。

优势发展,是指学校以有利于教师“优势激发”和团队“优势互补”为原则进行人事安排,使教师个人和团队各得其所、良性发展。

2. 目的。

(1) 使教师工作积极性和学校人力资源得到最大限度提升和开发利用；

(2) 使团队智力结构更趋合理,有利于团队精神的形成。

3. 操作程序。

(1) 将校内岗位(如中层职位、教研组长、年级主任、班主任、各年级任课岗位等)张榜公示；

(2) 学校成员以自荐或他荐的方式表明岗位意向；

(3) 学校通过考察、竞聘、民主投票,并最终通过行政决策确立人事安排；

(4) 与各岗位人员签订聘用合同,各岗位人员签署岗位责任书。

4. 领导措施。

(1) 思想发动、形成舆论氛围,是本项策略得以贯彻的首要保证。

(2) 要综合各成员的学识、能力、性格、创新精神、思想动态，以及本人意向等因素进行恰当的岗位安排。需要强调的一点是，当教师的个人意愿与学校需要发生矛盾时，教师应服从学校安排。

(3) 可先在部分岗位进行试点。

(4) 组建团队时应充分考虑成员的优势与不足，尽量形成“互补”态势。

《教工手册》

《教工手册》是薛城奚仲中学教师日常工作、生活相关制度的总和，也是教工了解学校文化的有效方式。它是在以“仰贤明德、行健日新”作为校训的学校理念基础上制定的。学校全体教职工人手一份，务必认真学习与落实手册内容。

主要内容包括：

引言——教工手册编制目的，使用范围，解释权。

学校简介。

学校宣言。

学校章程。

教师誓词。

岗位职责。

学校文化战略纲要基本要素——学校理念、学校组织框架图、学校标志及释义、学校标准字体及组合、学校平面效果图、校歌等。

入职指引——试用与转正，部门指引，相关制度，包括聘任制度、资格制度、职务制度、考勤制度、考核制度、会议制度、奖惩制度、职称评定制度、评估制度、权利与义务。

培训制度——学校各项培训制度细则考核管理办法。

薪酬制度——薪酬结构、发薪方式、奖金、加班工资、岗位津贴等。

福利制度——法定假、病事假、婚丧假、医疗费报销、社会保险、旅游等。

日常行政与办公。

教工行为规范。

我国有关教育的法律法规及学校相关制度规范——《中华人民共和国教师法》《中华人民共和国义务教育法》《中小学教师职业道德规范》《奚仲中学教职工奖励办法》《奚仲中学教职工学年度考核办法》等。

《学生手册》

《学生手册》是集薛城奚仲中学学生日常学习、生活相关制度的总和，也是学生了解学校文化的手段之一。它是在以“仰贤明德、行健日新”作为校训的学校理念基础上制定的。学生人手一份，务必认真学习与落实手册内容。

主要内容包括：

引言。

校长寄语。

学校简介。

学生誓词。

学校文化战略纲要基本要素。

入学指导。

权利与义务——《中华人民共和国教育法》及其他法律、法规规定的权利和义务。

制度规范——《中小学教育惩戒规则（试行）》。

安全制度。

礼仪常规——尊师礼仪、课堂礼仪、服饰礼仪、同学间礼仪、集会礼仪、公共场所礼仪等。

（仪行格言——恭而有礼，尊敬师长；知识殿堂，汲取营养；言必信，行必果，品直学芳；日有新，习渐成，健康成长；为明天，为祖国，努力向上！）

学习习惯——勤奋的习惯，独立思考的习惯，认真倾听的习惯，善于请教的习惯，勤于反思的习惯，归纳总结的习惯，专时专用、讲求效率的习惯。

生活常识——卫生常识、礼仪常识、安全常识、健康常识、交通常识、饮食常识、环保常识、人文历史常识、科技常识等。

《中学生守则》。

《中学生日常行为规范》。

习俗活动

习俗是学校经过历史发展、经由实践积淀而约定俗成的节日、仪式、典礼和活动。学校中各种习俗活动的开展，能够最大限度地调动学生的积极性、主动性和创造性，不断培养学生的创新精神、动手能力，让学生在各种活动中提升自主能力，全面提高自我，完善自我。

1. 每年9月，开展“学校文化宣传月”活动，以图片展览、师生座谈会等形式，详细介绍薛城历史文化名人——奚仲，向入学新生宣传学校特有的奚仲文化和创新精神。

2. 每年定期开展“学子风采展示会”，通过普通话演讲、英语口语、电脑操作、文艺表演等活动，挖掘学生潜能，实现其主动、创新发展。

3. 设立“学校开放日”，举办“教育成果展”，定期向家长、社会展示学校的育人成绩，使大家了解、熟悉学校，增进家长、社会与学校之间的情感联系。

4. 将春节、元宵节、清明节、端午节、中秋节、重阳节等我国传统节日综合为一个整体，向学生介绍节日的来历、相关的风俗习惯，使学生逐步加深对博大精深的中华传统文化的认知。

5. 在学生中展开“榜样在线”活动，选取优秀学生，宣传他们的优秀事迹，为全校学生树立学习的榜样。

6. 定期举办科普教育、青少年心理健康教育等讲座，开拓学生知识面，激发学生的学习兴趣，增强其主动性和创新能力。

7. 开展校园创新活动大赛，鼓励学生发挥奇思妙想，鼓励各种小发明小创造，高扬创新精神。

第三部分 学生德育管理理念

薛城奚仲中学一纵八横德育管理理念

一、背景

党的二十大报告提出新时代好青年的四个标准，即有理想、敢担当、能吃苦、肯奋斗，这些也是时代新人应当具备的重要品质。其中最重要的品质是有理想，即树立共产主义远大理想和中国特色社会主义共同理想，坚持对马克思主义的坚定信仰和对中国特色社会主义的坚定信念。我们要花大力气培养时代新人，切实加强未成年人的思想道德建设，指导学生树立中国特色社会主义共同理想，树立正确的世界观、人生观和价值观。认真贯彻《公民道德建设实施纲要》，弘扬爱国主义精神，以为人民服务为核心、以集体主义为原则、以诚实守信为重点，加强社会公德、职业道德和家庭美德教育，引导学生在遵守基本行为准则的基础上，追求更高的思想道德建设目标，是新时期要才培养工作的实际需要。学校作为加强和改进未成年人思想道德建设的主战场，将义不容辞地承担起这一历史使命。

我校通过加强思想道德建设工作，切实开展师风师德教育，在学校德育方面积累了丰富的经验，培养和锻炼了一批优秀的德育师资力量，为整体构建学校、家庭、社会一纵八横德育体系进行了有效的研究和实践探索，为继续推进学校德育工作，强化学校德育工作的实效性和可操作性奠定了必要的基础。在开展新课程改革的背景下，我们将课程改革新的教育理念与《中共中央 国务院关于进一步加强和改进未成年人思想道德建设的若干意见》

有机地渗透在德育实践中，以人文关怀促进学校、家庭、社会的密切配合，促进学校教育、家庭教育和社会教育的和谐发展，为学生的成长和发展提供必要的非智力因素保障。

根据我校的实际和教育教学中的现实困难，我们通过实际的可行性探讨，确定以“一纵八横德育体系研究”为中心课题，同时下设“文明礼貌教育研究”“遵纪守法教育研究”“当前学校学生主要心理问题调查研究”“弱势群体子女心理问题及其他教育研究”“教师人格对学生品德形成影响的研究”“新时代师德建设研究”等德育研究子课题，根据“人人有课题，人人有任务，人人有目标，人人有方向”的原则，全面展开奚仲中学的“一纵八横”研究工作。

我校长期的德育工作实践，在加强师德师风建设方面，取得了较好的成绩，积累了比较丰富的经验，培养和锻炼了一批优秀的德育教师，为整体构建学校、家庭、社会一纵八横德育体系进行了有效的研究和实践，积累了一定的德育实践经验，为继续推进学校德育工作、强化德育目标、增强德育实效性奠定了良好的基础。

二、开展德育育人的基本思路

一纵八横德育体系的研究是一个隐性成效大于显性成效的育人工作，是一个“培育人的思想，塑造人的灵魂”的系统工程，对组织实施者提出了更高的要求，因此课题实验研究人员必须具有如下的基本素质：第一，贯彻“以人为本”的现代教育理念，从学生成长的角度出发，探索和谐德育的有效形式；第二，将德育工作列入教育教学工作的重要议事日程，制订计划，完善制度，寻找课题实施的突破口；第三，借助实施素质教育的有利契机，将德育工作渗透进素质教育的全过程，拓展素质教育的内涵与外延，更新评价方式，改进思想政治工作方法，促进学生能力与素质的和谐提升；第四，更新德育观念，保障德育成果，将学校德育工作视为学校教书育人工作成败得失的关键，将德育工作视为学生良好行为习惯养成的重要保证，以良好的德育工作为基础，促进学校的教书育人工作的开展。

全面推进素质教育，从根本上说是实施全面发展的教育，是培养具有创新精神和实践能力的建设人才的教育。德育不仅是素质教育的首要方面，是全面实施素质教育的关键环节，而且还规定着素质教育的发展方向，决定着素质教育的性质，推动着素质教育的健康发展。为此，我们必须进一步加强学校德育工作，明确德育工作的新目标，探索德育工作的新思路，实现德育工作的新突破，开创德育工作的新局面。

三、依据

1. 理论依据：习近平总书记关于教育的重要论述、党的二十大报告、《中共中央 国务院关于进一步加强和改进未成年人思想道德建设若干意见》的精神、德育现代理论等。

2. 实践依据：我校各年级各科任教师都有深厚的德育文化底蕴，在当地有良好的社会声誉；教师在实际的德育工作实践中有科研指导的需要；一部分教师以科研为导向，融合学校、社会和家庭三方面的力量，在工作实践中积累了一定的成功经验等。学校领导十分重视德育科研工作，成立了相应的德育工作机构，建立了学校、家庭、社会相结合的德育工作网络，坚持以德育为首，注重德育的实效性，定期开展科研交流。全体教师都十分重视德育理论学习，具备较强的德育科研的素质。

四、目标

1. 通过“一纵八横德育体系研究”课题的开展，提高全体教师德育的理论水平和实践能力，形成一支专兼结合、功能互补、有创新思维和工作能力，与时俱进、不断发展的德育工作队伍，开创全员育人的德育新格局。

具体表现在：

(1) 注重德育工作的实效性。这种实效性，从浅层来看，是认同和促进学生“自我教育、自我管理、自我提高”的能力，使学生在思想上产生共鸣从而提高其认识水平的有力保证；从深层来看，学生能通过参与和体验，形成感悟与信念，进而把正确的观点内化为思想观念和行动方式，最终树立科学的世界观、人生观和价值观。

(2) 注重德育工作的形式和方法。形式趋向灵活多样，力求生动活泼、可亲可信；方法趋向科学与可行。

（3）注重德育规律性的探索。利用正确的舆论导向，培养浓厚的学习气氛，执行严格的行为习惯养成教育制度，运用科学的常规管理模式，开展丰富的校园文化活动，对学生的思想品德、行为习惯和身心健康起到同化、促进和约束的作用，使学生的个人行为成为群体规范，真正确立"博学笃行、和谐致美"的校风。教师的言行举止、穿着打扮成为学生效仿的楷模，这会对学生形成一种无言的教育模式，同时，也展示教师"处处做表率"的师德精神。

2. 通过"一纵八横德育体系研究"课题的开展，充分挖掘学校各管理层的德育潜力，共同搞好学生的德育工作。

3. 通过"一纵八横德育体系研究"课题的开展，探索出一条"如何更好地运用社会各方面力量优化学校的德育工作"的新路。

五、研究内容与研究方法

（一）研究内容

"一纵"是指学生生理、心理发展的过程；"八横"是指爱国主义教育、集体主义教育、社会主义教育、理想教育、道德教育、劳动教育、社会主义民主和遵纪守法教育、良好的个性心理品质教育八个方面。纵横的关系：纵中有横，体现出全面性，即每个年级都有这八个方面的内容；横中有纵，体现出层次性，即七、八、九年级在这八个方面的教育要求是逐年提高的。

1. 七年级学生生理、心理和思想的主要特点、德育目标及德育内容。

（1）七年级学生生理发育的主要特点。

① 男生的身高迅速增长且身体呈豆芽形体型；

② 女生的身高发育减缓，体重、胸围迅速增加；

③ 呼吸、消化和泌尿系统迅速发育；

④ 心脏暂处缓慢发育时期；

⑤ 神经系统机能迅速发育；

⑥ 性器官和副性征迅速发育和发展；

⑦ 骨骼组织与肌肉纤维以增长为主。

（2）七年级学生心理品质发展的主要特点。

① 半儿童、半成人，从少年向青年早期发展过渡；

② 活泼好动，好奇心强；

③ 情感外露，情绪易变，待人热情，渴望师长关心；

④ 自尊心、荣誉感、表现欲望迅速增强；

⑤ 独立意向、成人感迅速增强；

⑥ 性意识由神秘好奇向向往、爱慕方向发展。

（3）七年级学生思想品德发展的主要特点。

① 单纯幼稚，易受同龄人或周围环境影响；

② 交往能力与兴趣迅速增强，喜欢与同龄人交友；

③ 在新环境中，具有渴求上进的思想；

④ 社会性意识逐步增强，渴望参加各种活动，但思想单纯、片面，缺乏自我约束和控制能力。

（4）七年级学生的德育目标。

① 政治思想方面的德育目标。

· 爱班级、爱学校、爱家乡，初步具有热爱中国共产党和社会主义祖国的朴素的思想情感。

· 懂得学习与祖国建设的关系，初步具有为祖国而学习的意识。

· 初步形成心中有他人、心中有集体的思想观念。

· 初步具有惜时守信、讲究时效、竞争意识等思想观念。

· 相信科学，不参加迷信活动。

② 道德行为方面的德育目标。

· 初步懂得社会主义公民的基本标准。

· 尊敬师长，与同学友爱相处，尊重关心他人，爱护帮助他人，积极为集体做好事。

· 文明有礼，遵守社会公德，初步形成良好的个人道德品质。

· 初步形成热爱劳动、爱惜劳动成果、爱护公共财物的习惯，养成勤劳俭朴的品德，逐步做到生活自理。

· 能够遵守《中学生守则》《中学生日常行为规范》以及学校的各项规章

制度。

· 初步形成爱惜时间、自觉学习、按时完成学习任务、独立完成作业的态度和习惯。

③ 个性心理品质方面的德育目标。

· 初步形成活泼开朗、积极向上、勇于进取的心理品质。

· 初步形成诚实正直、自尊自爱的心理品质。

· 初步能够分辨是非、抵制错误思想言行。

· 初步形成健康的意志、情感、兴趣、爱好等心理品质。

（5）七年级学生的德育内容。

① 爱国主义教育。

· 关心热爱班级、年级、学校集体的教育。

· 关心热爱家乡与参与家乡建设的教育。

· 热爱祖国河山、语言文字、悠久历史、灿烂文化、民族英雄、革命先驱、文化名人等的教育。

· 初步的国家观念——尊重国家标志，维护国家尊严、荣誉——的教育。

· 尊重兄弟民族、民族团结的教育。

② 集体主义教育。

· 心中有集体、有他人，关心他人，热爱集体的教育。

· 尊重集体意志、服从集体决定的意识教育。

· 尊敬师长、和睦邻里、与同学团结友爱的教育。

· 热爱集体、为集体服务、维护集体荣誉的教育。

· 正确处理与同学、与集体关系的教育。

③ 社会主义教育。

· 社会主义建设伟大成就的教育。

· 初步热爱党、热爱社会主义祖国的教育。

④ 理想教育。

· 正确的学习目标教育。

· 以英雄模范人物为榜样的教育。

⑤ 道德教育。

· 《中学生守则》教育。

· 《中学生日常行为规范》教育。

· 文明礼貌、社会公德、个人品德教育。

· 初步环境道德教育。

⑥ 劳动教育。

· 热爱劳动、尊重劳动人民的教育。

· 勤劳俭朴、珍惜劳动成果的教育。

· 以自我服务为主的劳动教育和劳动习惯的教育。

⑦ 遵纪守法教育。

· 守法的教育。

· 遵守学校纪律和规章制度的教育。

⑧ 良好的个性心理品质教育。

· 诚实正直、积极进取心理品质养成的教育。

· 青春期心理卫生、男女同学正常交往及真诚友爱的教育。

· 正确的自尊、自爱教育。

· 初步的良好意志品质的教育和培养。

2. 八年级学生生理、心理和思想的主要特点、德育目标及德育内容。

(1) 八年级学生生理发育的主要特点。

① 男生体格正处于生长发育的突增期。

② 女生体重、胸围等正处于突增期并逐步向着女性体型发育。

③ 呼吸、消化、泌尿系统正处于急剧发育时期。

④ 血液循环系统仍然处于发育暂缓时期。

⑤ 神经系统功能迅速提高。

⑥ 性器官和副性征急速发育。

(2) 八年级学生心理品质发展的主要特点。

① 由少年期向青年初期发展过渡。

② 情感情绪激动暴躁和两极波动，爱凭情感行事。

③ 可塑性强、可变性大。

④ 认识能力显著落后于独立意向和行动能力。

⑤ 自尊心、自信心、争强好胜心急剧增强。

⑥ 独立意向、成人感和自主、自立意识急剧增强。

⑦ 相互爱慕心理急剧增强和自我控制能力相对落后。

（3）八年级学生思想品德发展的主要特点。

① 社会意识迅速增强、思想不稳定并容易受外界影响。

② 盲目的自由、平等、民主意识迅速增强。

③ 与同龄人交友思想更为迫切、容易受同龄人影响。

④ 思想幼稚、片面，辨别是非能力差且爱凭感情行事。

（4）八年级学生的德育目标。

① 政治思想方面的德育目标。

· 热爱家乡，热爱祖国，有民族自尊心、自豪感。

· 具有初步的法治观念，知法、守法。

· 初步树立公民的国家观念。

· 初步树立共同理想和为人民服务的思想。

· 政治上有上进心，学习上努力进取。

· 初步树立与社会主义市场经济相适应的思想意识。

· 相信科学，反对封建迷信和陈规陋习。

· 方向性目标：政治上要求进步，有主动要求入团的愿望与行动。

② 道德行为方面德育目标。

· 逐步形成尊重关心他人、爱护帮助他人的思想品德。

· 热爱集体，对集体有较强的责任心和义务感，初步形成集体主义思想品德。

· 遵守社会公德，尊重各民族风俗习惯，维护和促进民族团结。

· 正确处理人际关系，养成文明交往、礼貌待人的习惯。

· 懂得珍惜青春年华，初步养成严肃认真的学习态度与习惯。

· 积极参加学校公益劳动，养成劳动习惯，懂得节俭朴素，珍惜劳动成果。

· 方向性目标：逐步形成先人后己的思想品德。

③ 个性心理品质方面的德育目标。

· 逐步形成自尊、自爱、自信、自强的心理品质。

· 逐步形成诚实正直、勇敢坚强、谦虚谨慎和积极进取的心理品质。

· 初步形成自我认识、自我评价、自我控制、自我调节的能力。

· 初步具有辨别是非和抵制不良影响的能力。

· 初步具有择友、交友能力。

(5) 八年级学生的德育内容。

① 爱国主义教育。

· 热爱家乡、建设家乡的教育。

· 初步的国家观念的教育。

· 民族自尊心、自豪感的教育。

· 初步的国情教育。

② 集体主义教育。

· 对国家、社会、集体的责任感、义务感的教育。

· 初步的社会主义的民主与集中、自由与纪律关系的教育。

· 服从集体意志,积极参加集体活动和乐于生活在集体之中的思想情感培养教育。

· 能够正确处理个人与集体的关系的教育。

· 先人后己思想的教育。

③ 社会主义教育。

· 祖国建设伟大成就和社会主义优越性教育。

· 社会发展规律的教育。

· 初步的社会主义市场经济观念和与之相适应的思想教育。

④ 理想教育。

· 初步的社会主义共同理想教育。

· 为实现中华民族伟大复兴而勤奋学习的教育。

· 方向性德育内容:积极向上、政治上要求入团的意识培养以及团的有关知识的教育。

⑤ 道德教育。

· 中华民族传统美德教育。

· 进一步的《中学生守则》和《中学生日常行为规范》教育。

· 遵守社会公德和分辨是非能力的教育。

· 正确的人际关系的教育。

⑥ 劳动教育。

· 尊重劳动人民、养成自我服务习惯的教育。

· 珍惜劳动成果、生活俭朴等思想情感的教育。

· 认真参加校内劳动和社会公益劳动的教育。

⑦ 社会主义民主和遵纪守法教育。

· 社会主义的民主与纪律关系的教育。

· 宪法及有关法律常识和法规的教育。

· 知法守法、运用法律武器保护自己的教育。

· 继续进行学校纪律和规章制度的教育。

⑧ 良好的个性心理品质教育。

· 青春期心理卫生、性道德、男女正常交往和真诚友爱的教育。

· 健康的生活情趣教育,发展个性特长教育。

· 坚强的意志品格和自我控制能力的教育。

· 正确认识自己、评价自我能力的教育。

· 自尊、自信、自爱、自强心理品质的教育。

· 辨别是非能力培养的教育。

3. 九年级学生生理、心理和思想的主要特点、德育目标及德育内容。

(1) 九年级学生生理发育的主要特点。

① 身高增长速度开始减慢,体重、胸围仍快速发展。

② 呼吸、消化、泌尿、内分泌系统功能迅速增强。

③ 心脏开始加快发育。

④ 骨骼组织和肌肉纤维开始向增粗方向发育。

⑤ 大脑功能迅速提高。

⑥ 性器官和副性征快速发育,性激素急增。

(2) 九年级学生心理品质发展的主要特点。

① 盲目、冲动表现减少，理智感增强。

② 各种心理品质开始向逐步稳定和初步成熟方向发展。

③ 认识水平与能力迅速提高。

④ 情感内向和闭锁性心理品质迅速发展。

⑤ 自我控制、自我调节和辨别能力迅速提高。

⑥ 抽象思维和逻辑思维能力迅速提高。

⑦ 性意识急剧增强，容易出现早恋现象。

（3）九年级学生思想品德发展的主要特点。

① 社会意识和参与意识迅速增强。

② 萌芽状况的人生观、世界观处于发展阶段。

③ 高度关注自己毕业出路和高度注重学习。

④ 思想活跃、思考问题广泛，有一定的分析能力，但是思想方法仍简单、片面。

（4）九年级学生的德育目标。

① 政治思想方面的德育目标。

· 热爱祖国，具有民族自尊心、自信心、自豪感。

· 具有为祖国的社会主义现代化努力学习的目的，能够较好地处理升学与就业之间的关系。

· 初步树立起公民的国家观念。

· 方向性目标：初步树立起惜时守信、重质量、讲效益、优质服务的思想观念。

② 道德品质方面的德育目标。

· 具有社会主义的道德观念，自觉遵守社会公德，初步形成良好的个人道德品质。

· 具有良好的劳动习惯和文明行为公德。

· 方向性目标：初步能够运用正确观点分析社会现象。

③ 个性心理品质方面的德育目标。

· 具有自尊自爱、诚实正直、积极进取的心理品质。

· 具有自我认识、自我评价、自我管理、自我调节、自我教育的能力。

· 具有辨别是非和抵制不良影响的能力。

（5）九年级学生德育内容。

① 爱国主义教育。

· 中国国情教育，中国近代史、现代史教育，社会主义新中国伟大成就教育。

· 初步的国家观念教育，完成祖国统一大业教育。

· 国家和国家安全、热爱和平以及同各国人民友好交往的教育。

② 集体主义教育。

· 正确处理个人与集体、个人与国家、升学与就业等关系的教育。

· 关于自由与纪律关系的教育。

· 和谐的人际关系的教育。

③ 社会主义教育。

· 人类社会发展规律教育。

· 社会主义初级阶段党的基本路线的教育。

· 最新的时事政治教育。

④ 理想教育。

· 进一步的学习目的教育。

· 初步的职业理想教育。

· 社会主义共同理想教育。

⑤ 道德教育。

· 社会主义文明礼仪、文明生活方式及社会主义道德行为习惯教育。

· 初步的职业道德教育。

· 自觉遵守社会公德和明辨是非的教育。

⑥ 劳动教育。

· “劳动创造世界”的教育。

· 艰苦奋斗、艰苦创业思想教育。

⑦ 社会主义民主和遵纪守法教育。

· 宪法及有关法律常识和法规教育。

· 知法守法、运用法律武器保护自己的教育。

⑧ 良好的个性心理品质教育。

· 自尊自爱、诚实正直、积极进取的教育。

· 健康的思想、兴趣、爱好、性格养成的教育。

· 自我认识、自我评价、自我管理、自我调节、自我教育能力培养的教育。

(4) 正确辨别是非能力和抵制不良影响的教育。

(二) 开展课题研究的主要方法和途径

在学校教导处的统一领导下，以全校学生整体以及七年级、八年级、九年级的个别班为研究对象，分别制定研究方案，分工协作，并完成相应的子课题。运用多种研究方法，归纳整理，再运用于实践，并在实践中不断发展、完善，上升到理论高度。

主要方法：① 历史文献法，以管理学和德育教育理论为指导，并借鉴有关已有的研究成果；② 观察法、归纳法；③ 调查研究法；④ 个案研究法；⑤ 对比、分析法。

主要途径：从中学生的心理研究开始，营造民主的管理氛围，强化民主的管理制度，根据不同年级的发展特点，开展主题鲜明的系列专题教育活动，使学生能够得到教育和引导，增强德育的针对性、实效性；坚持团干、学生干部竞选制度，强化学生自治管理模式，以此架起教师和学生心理沟通的桥梁，协调师生关系，增进师生情感，以达到“亲其师、信其道”的教育效果，提高德育创新的实效性；注重鼓励、疏导和赏识相结合的德育模式，进一步树立学生的自信心、自尊心和责任感；加大和改进学校、家庭、社会相联系与配合的“三结合”教育模式；通过学生成长手册、学校与家庭联系手册、社区服务活动登记手册等形式，加强学校、家庭、社区之间的联系，广泛开展“三结合”的讨论、对话、沟通等活动，以此形成教育合力，促进德育创新的实效性；开展德育创新评价体系的改革尝试，从外部促进教育效果的提高。

六、课题研究的程序

(一) 课题研究时间

2023 年 9 月至 2025 年 7 月。

（二）课题研究步骤

第一阶段：准备阶段（2023 年 9 月—2023 年 11 月）。这一阶段主要是制订课题研究计划，组织学习德育的现代化理念，转变观念，确定参加课题研究的班级，制定课题实施方案，做好准备工作。

第二阶段：实施阶段（2023 年 11 月—2025 年 3 月）。这一阶段主要是全面展开整体构建学校德育体系研究与实验，并查找相关理论，指导课题研究与课题实践。

第三阶段：总结阶段（2025 年 3 月—2025 年 7 月）。这一阶段主要是总结课题，写出课题研究报告、课题研究论文等有关研究成果作品，录制 VCD 等，进行课题研究成果推广工作。

（三）课题管理措施

1. 组织保障。

全校设立一纵八横德育体系研究领导小组。领导小组办公室设在政教处。

2. 制度保障。

例会保障制度：围绕课题研究的展开，抓好科研队伍建设，注意点面结合，加强重点难点的攻关力度，使研究活动经常化。建立科研奖励制度，鼓励教师积极参与科研。建立教师理论学习和研讨交流制度。

3. 时间保障。

确保时间落实，各班级每周有两节与课题研究有关的专题课，每月进行一次课题研讨活动，每隔两个月举行一次课题汇报活动，不断提高研究者的研究能力和研究水平，抓好课题的过程管理工作。

4. 经费保障。

除了每年为各班级统一征订与课题研究有关的教材外，从学校的生均公用经费中争取一定数额的课题研究补助经费，保证课题研究活动的正常开展，使课题研究工作正常开展。

（四）研究成果形式

1. 课题研究报告；

2. 课题研究教师、学生成功案例集；

3. 课题研究活动的录像、照片、资料集；

4. 课题研究汇总数据包；

5. 课题研究论文。

第四部分 学校课堂教学理念

学校课堂教学模式

经过20余年的课改，从浅表学习到深层学习，从文本课程到网络课程（云课程、数字化课程），从数字化学习环境到智慧学习环境，课改已进入整体多元改革的新时代，落实对学生核心素养的培养要求迫在眉睫。"'三先三后+'和谐教学深度实践"项目是我校对"三先三后"和谐教学模式的继续探索，将引领学校进入深度课改的新阶段。

一、"+深度学习"

深度学习是培养学习力的学习，以感知力为学习前奏，思维力为学习内核，创新力为学习结果，是一种全身心投入、经历思维探索过程、获得深度体验的生命化深刻学习。

"三先三后"和谐教学模式以"学生为主体，教师为主导，学生学会学习为主线，学生能力发展为主旨"，始于"先学"，"先学"的程度决定"后教"的起点。"先学"不是简单的预习，而是有目标有质量的自学或互学，关键是提出"问题"。学生先按要求进行自学，可以在课前，亦可在课上。"后教"非传统的"讲"而重在"导"，教师针对学生自学中提出的问题先组织学生合作探究学习，生生互学解决部分问题，并提出较集中、高质量的问题。教师把问题进行分解、变式等，引导学生进行探究，不能解决的问题教师才"讲"。要让学生充分体验知识学习、探究的过程，体验到学习的愉悦，形成并发展学习力。

（一）深度自学

深度自学的目的是实现从表层自学到深层自学的转变，要求学生通过感知学习、独立思考，学会提出问题、分析问题和解决问题，实现感知力到思维力、创新力的升华。

1. 教师层面。

(1) 充分相信学生的学习潜能，相信文本的教学功能，放手学生自学，为学生自学提供平台。

(2) 给学生留足空间，教给方法——“知、读、练、结”自学法，交给工具——导学案、自学指导、微课、学习资料等。教师必须进行精心设计，需要清晰地回答以下5个问题：学什么？为什么学？谁来学？如何学？学得如何？

(3) 引导学生尝试单元学习，注重学科知识的整合，将碎片化的知识系统化、结构化，注重问题意识，促进高阶思维，达成迁移应用。

(4) 跟进管理，实施多元评价。

2. 学生层面。

(1) 学会自学方法——“知、读、练、结”。

“知”，即学前“五知道”，知道学什么(内容)，知道为什么学(目标)，知道怎样学(方法)，知道学多久(时间)，知道学得怎样(检测方法)。

“读”，即阅读教材，分快读、细读、精读。快读即在注意力高度集中状态下快速浏览教材，通过关键词、句或段落了解其要旨，找出所需具体信息。特别是要借助思维导图提高阅读效率，边阅读边在大脑中画思维导图，或把思维导图画在纸上，以免遗忘。细读是逐字逐句地读，钻研教材的内容，掌握范例格式，结合“查、画、写、记、练、思”六字诀扎实读，“查”着工具读，“画”着重点读，“写”着感受读，“记”着内容读，“练”着习题读，“思”考着问题读，及时准备提出和回答问题，提取与问题密切相关的具体信息。精读是要细致研读教材，深入理解、概括、记忆内容，用类比、联想、归纳等方法完善思维导图。

“练”，即练习，完成导学案、助学手册、课本上的自学作业，以检测自学效果，及时发现一些自学中不能解决的问题。

“结”，即自学总结，尝试运用思维导图进行总结、记忆，特别是从归纳中发现和提出的问题，以便拿到小组合学时解决。

(2) 养成自学习惯。在教师的指导下，划定时间、明确任务、掌握方法、生成问题、组内互查、组间互助，有目的、有计划、有步骤、有章法地自学，使自学活动结构化、习惯化。

(3) 发展审辩式思维，增强自学信心。爱因斯坦说：“提出一个问题，比解决一个问题更重要。”在自学过程中，要善于运用假如、例如、替代、可能、想象、类别、“六何”(为何、何人、何时、何事、何处、如何)等方法进行思考、提问。

(4) 学会自我管理。及时对自学过程、合作学习进行自我评价，并按期将导学案、思维导图、错题本等整理装订成册，每周按思维导图、导学案进行回顾、复习。

(二) 深度合学

课堂是以自学为始、自学为终的，其中，自学产生合学的需求，自学消化合学的成果。合学只是手段，它的最终目的是实现深度学习。

1. 小组建设。

(1) 分组原则：互补互助、协调发展、组间平衡、组内差异。

(2) 构建小组：师友(同桌)为基本组，师友(同桌)互助下的4～8人组成合作小组(七年级一般4人组，八、九年级一般6人或8人组)。

(3) 座位安排：小号坐中间，大号在两边，好的能扩散，差的不干扰。师友横向排座，师父与师父前后挨着。

(4) 小组经营：一是选好组长、学科代表、发言人等，明确职责；二是培训组员，学会分工，学会表达；三是给小组个性化命名、制定组规、绘制小组海报、举行启动仪式；四是学科间达成共识，小组相对固定，给学生的学习提供方便。

2. 合作学习。

(1) 合学程序：先独立后合学，交流四步法：一看，先自学课本，查阅相关资料；二问，师友把自学过程中出现的问题互相提出；三助，师友间互相帮助，想办法解决疑难问题；四提，师友交流中还不能解决的问题提交全班交流时解决。

（2）学会发言：一要能清楚表达自己的观点，接受他人的意见并改正、补充；二要学会倾听别人的意见，努力掌握别人发言的要点，对别人的发言勇于作出评价；三要学会质疑、反驳，敢于提出不同的看法，表达个人观点，听不懂时请求对方再讲一次；四要学会组织、主持小组学习，能根据他人的观点，进行总结性发言；五要学会用两种音量说话，一种为组内声音，身边半径15厘米以内能听到的声音，称为图书馆声音，保证组内成员听清，另一种为全班都能听到的声音，称为全班声音。

（3）互动交流：班级交流形式比较灵活，有小组代表交流，也有学生与学生、学生与教师的互动，教师在倾听的基础上引导点拨，让学生的思维进行碰撞，让智慧的火花熊熊燃烧。

（4）机会均等和机会限制：要求人人参与，对发言多的进行次数限制，以便他人也有表达的机会，实现全员参与；合作学习的调控应当注意抓好常规，树立榜样，充分利用示范效应；健全小组奖励机制，课堂上应注意恰当运用鼓励语言，让学生学会评价。

（5）职责轮换：小组成员的分工要定期轮换，培养学生的责任意识，让学生体验多种角色，从而进行换位思考，有利于小组合作。

3. 教学相长。

（1）构建学法教法一体化学习模式：工夫要下在备课上，基础要“砸”在课堂变式训练上，技巧要放在命题上，提高要落在讲评上。一是教材不能不靠，但教材也不能全靠，鼓励教师编写适合自己学生的教材和练习题；二是要用能举一反三的例子，教就教这样的教材；三是既要重视学科教学的术，又要重视教育本身规律的道。

（2）生本评研：以学养学，以学养考。评就是评价，研就是研讨。评研就是让学生用研究的态度对待考试，把考试作为对知识的再次学习和研究的过程。评研的操作方法：教师编制试题—学生做题—互评研讨（互对答案、研究错题）；学生编制试题—同学互考—互评研讨；教师再编制试题—学生再做题—再互评研讨。一周一小评，一月一大评，学生自评，班级评比，全体学生全方位参与研讨过程。

（3）点拨规则。

三讲三不讲：讲易混、易错、易漏的问题；讲学生想不到的问题；讲归类提升的问题。不讲学生已经会了的问题；不讲学生自己就能学会的问题；不讲教师讲了学生也不会的问题。

四动四不动：学生要发动、活动、激动、行动，但不要骚动、躁动、浮动、瞎动。

五要五不要：指导学生要体现启发性；要体现差异性；要体现结构性；要体现规律性；要体现拓展性。不要简单重复；不要机械照搬；不要琐碎设问；不要一刀切；不要信口开河。

二、“十课程整合”

学校教育正从“知识时代”走向“核心素养时代”。核心素养正在塑造未来教育的图景，成为课程改革与育人模式变革的航标。核心素养的整体性和融通性决定了课程实施必然是整合的。学校应从自身的办学理念出发，以学生为核心，将核心素养进行校本化表达，整合课程，把学生的心点亮。

（一）基础学科课程整合

一是学科内整合，教师根据新课标的要求，结合实际教学需要，灵活地和有创造性地使用教材，可从以下方面进行适当的取舍或调整：① 对教材内容进行适当的补充和删减；② 替换教学内容和活动；③ 扩展教学内容或活动步骤；④ 调整教学顺序；⑤ 总结教材使用情况。尝试开展“主题式”学习活动。

二是学科间整合，意在整合各学科知识，以减少课程内容的重叠与分化，彰显知识、技能与生活世界的联系及其价值。加强信息技术和各门学科的整合教学研究，探索跨学科协同教学、包班教学、合作教学，培养“一专多能”型教师。

（二）“一纵八横”课程

学校基于学生成长和发展（一纵）以及育人目标（八横），结合核心课程，整合地方课程，完善校本课程，构建学校课程体系。

人格成长类课程：整合班会、社团活动、升旗活动、专题教育活动等，内容做到主题化设计，根据学生发展及课程实施的需要，采用长短课、周课、月课、阶段性课等方式，以集中和分散相结合的形式灵活安排，使活动课程化。

科技创新教育课程：开设科学发展史、学科发展前沿等方面的拓展性课程，帮助学生了解物理、化学、生物、地理、技术等学科的特点与方向。课程重视科普读物及多媒体科学资料的阅读，按照选择性教育思想，尊重学生的兴趣爱好，设计项目式、主题式、探究式学习活动，创设有意义的真实学习情境，增强学生的探究精神和综合素质。

拓展性课程：有知识拓展、体艺特长、实践活动等三类。学校发挥本校教师的专业特长和兴趣爱好，统筹图书馆、实验室、专用教室、活动场地等校内场地设施，充分利用家庭、社区和社会机构等校外教育资源，借助青少年活动中心、劳技实践基地、综合实践活动基地、博物馆、展览馆、俱乐部等校外教育场所，开发开设拓展性课程。

三、“十智慧教学”

“交互式电子白板平台”进课堂。学校已全面更新了交互式电子白板平台。交互式电子白板接入互联网，具有丰富的资源库，具有随时书写、绘画、拖放组合等功能。教师运用白板平台的多媒体技术生动、形象地展示教学内容，展现知识形成的过程，能够有效促进师生间教与学的互动，有效实现大容量、多信息和高效率的课堂教学；在电子白板背景下，通过教学技术手段改革与课堂模式改革的整合、融合，实现“1＋1＞2”的增值效应。

“互动云平台”进课堂。互动云平台融入了互动学习云平台、云教学服务平台、云录播直播系统和测评服务系统等，基于网络环境，以平板电脑和云平台为载体，从减负、增效双重目标入手，优化教与学全过程，在老师和学生之间架起了一座桥梁。教师可以随时通过全过程互动学习产生的大数据进行挖掘和分析，实现“以学定教”的个性化教学，让每个学生都有一个学习团队和多个“私人教练”，变被动学习为主动学习。同时，云课堂自动录制，教师可随时回看自己的课堂，看同事的课堂，听课学习更加方便，网上交流更加顺畅。借助于此，云教学可以倒逼老师不断学习，促进教师专业水平的提高。互联网、云平台、电子书包、大数据等进课堂，“互联网＋教育”促进了课改进入新时代。陶行知先生说过:“我以为好的先生不是教书,不是教学生,乃是教学生学。”研究学生,研究学习,研发与使用学习工具,研究互联网助推“学”……所有的改变都是基于对“学”的服务和支持。研究学生不仅仅是教师组织教学的起点,研究学生、发展学生是教学的终极追求。把深度学习和有效教学结合起来研究可以将新课程的理念及追求与学校建设的“三先三后”课堂教学行为有机结合起来,丰富和拓展课堂教学理论和新课程理论的研究,为广大一线教师进行科研提供理论依据和参考,为教育教学理论在这一方向的研究提供实证。同时,“三先三后”课堂状态下的深度学习将鼓励学习者批判性地学习新的思想和知识,并使之融入原有的认知结构,能够联系多种思想迁移到真实情境中,促进学生的学习与解决问题的能力及可持续发展。

美国教育心理学家布鲁纳说:“学习存在表层和深层两个过程,掌握知识经验的过程是学习的表层,而通过知识形成一定的思考方式、学习态度,增强解决问题的能力和自信才是学习的深层过程,真正的学习应包括获取知识、发展能力和形成态度。”深度学习的“深”表现在:学习态度一往情深,学习内容深得我心,学习方法深有体悟,学习过程静水流深,学习收获意味深长。

美国心理学家布鲁姆将认知领域的学习目标划分为6个层次——记忆、理解、应用、分析、评价及创造。浅层学习认知水平较低,一般只处于“知道、理解”的层面,要求学生对知识能够进行简单的描述、记忆或者复制。而深度学习要求实现更高的层次,如应用、分析、评价、创造,这是一种以促进学生批判性思维和创新精神发展为目的的学习,不只涉及知识的记忆,还强调学生积极主动的学习状态、知识整合和意义连接的学习内容、举一反三的学习方法,更强调学生对知识的应用和问题的解决,属于高级思维活动。深度学习不仅是学习知识,而且是学习知识背后的方法、思维方式、价值文化等,是指向能力及素养的学习。

美国学者埃德加·戴尔提出的“学习金字塔”理论指出:学习效果在30%以下的是个人学习或被动学习等几种传统方式,而学习效果在50%以上的是团队学习、主动学习和参与式学习。深度学习要为每一个学生的学习设计、创设一种适合他们的学习环境，构建起“学得真”“学得深”的学习场，最大限度地满足其个性化学习需求。深度学习是深度课改的必然路径。

互联网正在打破地理的边界、生活的边界，亦必打破学习的边界、学校的边界。这决定了学习可以随时随地发生，也决定了教师再也不能成为坐享信息不对称红利的教授者。教育信息化的核心是改变学生的学习，是围绕学生的学习创造资源、提供技术和服务，确保更多学生的个性化学习、多元化学习成为可能。

近年来，教育部以核心素养为基础推进课程改革，制定相应的课程标准和教育教学质量标准。无疑，这是对课堂最应该让学生学习哪些有价值内容的有力导向和引领。而如何在核心素养的统领下，确定教学内容、安排教学环节、选择教学方式、培养学生的优秀品质和能力，已成为教育工作者不可忽视的课题。换言之，要重新发现学科深藏的育人价值，重新梳理学科独特的素养，改变学科教学内容和思维方式，为未知而教，为未来而学，这是课堂改革再出发的转折点和最有价值的探索空间。

“三先三后＋”和谐教学特色项目的创建将助力课堂教学从“教中心”向“学中心”转变，有效地促进学生全面发展，助力学校教学文化积淀和升华，有助于实现学校“心拥幸福、卓立齐鲁的品牌学校”的愿景。

（一）提高认识，加强领导

学校特色建设是全面推进素质教育的需要，是提升学校核心竞争力的基础；它的真正完成需要一个漫长的发展、积淀的过程。为此，学校成立特色项目创建领导小组，校长高建军任组长，业务校长陈加付为副组长，教导主任、教科室主任、年级主任、教研组长、备课组长为成员。

做好创建项目的顶层设计，学校按照“整体规划、分步实施、逐步推进、巩固提升”的创建策略，分解任务，明确职责，稳步推进。做到明确项目责任人、明确创建总目标和阶段目标、明确创建举措、明确跟踪督查、明确成果呈现形式“五明确”，运用好“学、查、纠”，有条不紊地组织开展特色创建工作。

坚持用特色创建常态化统领学校整体工作，做到“四个精心”：精心确立创建的主要内容、精心建构创建的结构体系、精心确定创建路线图、精心编制创建时间表；做到“五个结合”：与学校常态工作相结合、与课程实施相结合、与教师培养相结合、与学生习惯养成相结合、与学校文化建设相结合。

（二）科学论证，完善方案

学校遵循概念化、常态化、课程化、品牌化的品牌创建路径，首先，召开骨干教师、课改优秀教师、学生代表等参加的座谈会，弄清教师眼中的高效教学，教师需要怎样的课堂，学生到底需要怎样的课堂；然后，召开领导干部专题研讨会，认真梳理了“‘三先三后’和谐教学模式”创建过程中的得失，在继承与发展的基础上，确立“三先三后＋”和谐教学特色项目，以进一步深化学校课堂教学改革。之后，针对“三先三后＋”中“＋”的内容进行征集，从中选取学校课堂教学中普遍存在的问题，如：怎样让学生真自学？学生怎样是真合作？教师在教什么？学科教学怎样育人？“互联网＋教学”如何应用？等等。在教师中开展大讨论。学校进行论证、细化后，拟定特色创建方案。

（三）研训结合，专业提升

健全教学、研究、培训一体化的教科研机制，培养“品牌人”，从干部、教师、班主任、学生等不同层面入手，借助各类培训平台，让其掌握新课改理念，规范教学行为，明确学习的方法，养成项目所要求的教的习惯、学习的习惯。

实施行动研究战略，学校以特色创建过程中的突出问题为课题，以有效解决问题为目标，科学确立特色研究的主题，扎实开展以校为本的研究，用特色课题来引领特色实践，用教育科研来解决实际问题。

积极开展“引智工程”，学校也将聘请专家培训指导，让专家亲临课堂、现身说法，借大师之智，优化改造策略。

（四）聚集课堂，精准实施

学校按照“典型带动、同行互助、整体发展”的思路，实施学科组、年级组、学校三级管理，逐层落实，全面开展特色项目创建活动。

加强校本教研活动，提高教师备课质量，尤其是优化导学设计，提高教师把握教材、课标水平，分析学生、学情，提高驾驭课堂能力。

各学科组长具体引领本组教师进行教学实践，精准实施项目创建方案。

学科组有序开展磨课、研讨课、说课等活动,交流教学心得。

年级组开展教学论坛活动,组织好赛课活动,重构教与学的关系,举办好年级优秀成果展示活动。

学校组织优秀教师上好示范课、公开课,组织好优秀成果的推介、展示活动,举行学校间、教育联盟校间的同课异构活动,借助中国陶行知研究会教学法研究中心平台与全国各地名校切磋、交流,引导学科教师生成个性化教学特色。

(五) 塑造特色,形成品牌

定期总结特色项目创建的成果与经验,认真梳理形成体系,邀请知名教育专家跟进指导、提升、评定,选派优秀教师走出去到他校“送课”,充分展示项目创建的优秀成果,同时在研讨、交流中提升、完善特色项目,积淀、重塑学校教学文化,丰厚学校文化体系,形成学校办学品牌。

(六) 健全机制,精细管理

学校依据市《特色项目规划评估标准》制定项目创建工作考核细则,建立“名、优、特”教师、特长学生的考评和奖励机制,激发广大师生创建特色的积极性。学校将加大项目创建的经费投入,做到专款专用。

加强项目创建过程中的档案资料、过程性材料、成果类材料的积累、整理,将创建过程中的优秀成果编辑成册并出版,使其得到及时推广。

课堂教学活动中小组合作学习的探索

“三先三后”和谐教学模式倡导师友互助,合作学习。小组合作学习是以合作学习小组为基本形式,系统利用教学中动态因素之间的互动,促进学生的学习,以团体的成绩为评价标准,师生共同完成教学目标的教学活动,是当前普遍采用、行之有效的一种教学方式。

基本理念:自主探究,师友互助,交流提升,合作双赢。

一、小组建设

1. 利用班会、专题会对小组合作学习进行培训,统一认识,让学生认识到小组合作学习有利于学生在学习、表达、思维、合作、交流等方面综合素质的提高,更能培养学生的可持续发展能力。

2. 班主任和任课教师认真分析学生的综合表现,根据学生的智力水平、认知基础、学习能力、学习习惯、心理素质、兴趣爱好、性格因素、性别搭配、交往能力等,把学生分为优秀、良好、一般、较弱四个等次。

(1) 初步划分。按"优秀——一般,良好—较弱"的均衡标准进行结合,初步划分小组。一般按照成绩和品行来选择师父,还可以自荐或者全班民主投票。七年级新生可由班主任直接分组,然后将小组划分表格交给各任课教师。

(2) 构建"组中组"。遵循"组间平衡、组内差异"的原则进行小组归大组、师友(同桌)互助下的 4~8 人合作,(七年级一般 4 人组,八、九年级一般 6 人或 8 人组),即由原来的一对一师友两人组,两两结合形成四人组,两位小师父根据民主推荐分别为组长和副组长。以师友互助前后两排为单位划分为一个大组,每组 4 人或 6 人,正副组长固定(也可轮流担任),组内成员基本固定,组内每人都要有管理任务。

(3) 座位安排:根据学生的学习基础按等级(从高到低为 A~D、1~6 或 1~8)均衡结合、排位,基本做法是:小号坐中间,大号在两边,好的能扩散,差的不干扰。合作时做到一对一、四合一、八连体。座位:友—师,师—友,友—师,师—友,师友横向排座,师父与师父前后挨着。

A	B
C	D

4 人组

1	2	3
4	5	6

6 人组

5	1	2	6
7	3	4	8

8 人组

这种方式能避免优质资源浪费,更利于学生间的群学。

(4) 小组凝聚力培养。要从方方面面让学生认识到,今后的学习、生活主要以小组为单位展开,小组就是一个小集体。

① 小组命名——让小组有个代号,是让小组形成凝聚力的第一步。名称要短小、好记、积极向上、有意义。

② 制定组规——让小组制定自己的组规,做不到的不要写。同时制定

自己小组的目标和口号。

③ 小组海报——拍摄自己的小组照片，设计自己有个性的宣传海报。学生在制作的过程中形成小组的意识。评比哪个组设计的海报更好。

④ 启动仪式——找空闲时间，各组代表向全班讲解自己组名的含义；介绍本组的规定和目标，请其他各组同学监督；介绍本组海报的设计意图；介绍后将海报张贴在教室内。

(5) 动态管理，小组整体稳定，定期轮换，周期以一周为宜。师友搭配是动态的，对于表现好、学习有进步的学友可以调整他为师父。在月考、期中考试后，班主任与任课教师根据学生成绩重新分类，确定师父、学友，重新分组、排座。在调整之前要做好思想工作，师父不仅要会做题，还要学会如何分析题目、理清解题思路，如何把例题、习题同更多的题目中相应的知识点联系起来，如何梳理知识结构并形成体系，等等。

二、师友分工

1. 明确责任。

(1) 师父的主要职责是教会学友学习，督促、管理学友的日常学习，培养学友好的学习方法和技巧，帮助学友创新思维、激发灵感，对学友的思想、行为、学习、纪律等方面全面管理。师父在课内外要会讲、善讲，成为名副其实的师父。

(2) 学友接受师父的全面管理，及时向师父汇报情况，不但要接受师父的学习指导，更重要的是要和师父共同学习，共同探究，形成好的学习习惯，增强学习的信心。同时要发挥自己的特长，将自己的优势发挥出来，对自己的不足之处要及时弥补，不断提升自己的能力和素质。

2. 强化培训。

(1) 思想意识培训：教育学生明确合作互助的重要性，领悟到两人是一个"动力组"。让师友两人明白互助学习过程中履行职责的好处和必要性，让他们愿意履行职责。通过角色采访、角色轮换、经验介绍等各种方式让学生明白以身作则、理解别人、诚信待人、互助共赢的必要性。

(2) 教学方式培训：集体培训一般是老师示范，学生模仿。通过讲解互助学习的职责分工、具体规则和机制，明确如何互助。或者学生当堂讲题，其他同学补充、纠正、点评，统一认识后，再给自己的学友讲。教师要教给学生教的方法和应注意的事项。

（3）课堂个别培训：老师与学生进行一对一或一对多的培训。

（4）专题培训：老师利用课间或其他时间对学生进行集体或个别的专项培训。

① 专项培训师父：内容包括学习方法、技巧，思维方式，教学方法，良好习惯，健康心态，品德行为，如何给学友讲题，如何指导学友讲题，在课堂上如何管理督促帮助学友，在课外如何督促管理帮助学友，如何做学友的思想工作，自己碰到解决不了的问题该怎么办。

② 专题培养学友：内容包括培养如何与师父合作交流，如何模仿师父，如何培养好的学习习惯。

③ 专题培训师友：定期选择优秀的师父和学友进行经验交流，谈谈师父如何培养学友，学友如何适应并且超越师父，师友如何互助，如何发挥专长，利用班会进行“师友心与心交流”“帮助别人就是帮助自己，尊重别人就是尊重自己”的讨论，开展“我给师友写封信”和互助学习案例征集活动，培养师父的责任心，培养学友的上进心。

④ 在师友擅长的科目上可以进行角色轮换。

三、组长与课代表

1. 组长与组员分工。

（1）组长：可固定，也可轮流担任。组长要负责各项工作的分配，给各个组员评分。组长需要班主任重点帮扶，要给组长定期开会，培养优秀的组长有利于小组合作学习的开展，更有利于班级的整体管理。

（2）组内人员：每人都要有管理任务，任务要轮流完成。如：一人负责收作业，课代表评比小组作业上交情况；一人负责小组评比计分，定期向课代表汇总；一人负责日常卫生，卫生委员负责评比。

2. 课代表的作用。

充分发挥课代表的作用，有利于各学科的合作学习的管理。

(1) 课代表评比各组交作业的情况,包括数量、速度、质量,将相关情况反馈给任课教师,对优秀小组进行表扬,对问题小组给予关注。

(2) 课代表工作由学习委员负责管理、评比,定期由学习委员负责召开课代表例会。

(3) 一些合适的课型,可以由课代表负责组织学习。

四、建立规则

1. 互动规则。

(1) 倾听插话:努力听懂别人的发言,记住要点,善于捕捉对自己有利的信息并加以整理。别人发言时候要虚心倾听,适时插话。学会换位思考,确认两人意见不一致时,不要急于作无谓的争执,应设法拿出事实来证明自己见解的正确性。

(2) 荣辱与共。必须师友二人都举手才有回答问题的资格,这样就要求师父必须教会学友。

(3) 不懂就问。从敢问到会问需要一个过程,只有多问勤问,才能实现质的飞跃。

(4) 不包办代替。发挥学生的自主性进行自我教育、自我提高、自我反馈。设计的训练题目要有梯度,可分必做题、选作题和思考题三类:

必做题:针对所有学生,务必全部会做,师父负责学友全部掌握。

选做题:在必做题的基础上完成,这种题型一般是学习成绩良好的学生都能会做,教师鼓励较弱的学生去做,师父需要和学友互助解决,并且尽力教会学友做。

思考题:针对特优生的是高难度的题目,是培优的需要,不排除其他同学参与完成,在时间允许的情况下师父可以鼓励学友尝试挑战思考题,师友互助共同尽力解决。

2. 交流原则。

(1) 学会用两种声音说话,师友互助交流时声音要小,听起来应该像蜂巢,而不应该像田径场;全班交流时,声音必须洪亮,口齿清晰,要展现出对问题的理解透彻度。

（2）交流程序：学友→师父→学友→师父→教师。

（3）规范用语，交流过程中用语要规范，不仅要说明答案，而且要说明解决思路、解题方法、应该注意的问题及该题中得出的规律等。

（4）解决问题，能独立完成的问题，就不要交流，需要互助交流的问题，尽最大可能在师友间解决，不是疑点、难点、重点的问题，尽量不在全班进行展示。

师友交流四步法：

一看，先自学课本，查阅相关资料；

二问，师友把自学过程中出现的问题互相提出；

三助，师友间互相帮助，想办法解决疑难问题；

四提，师友将交流中还不能解决的问题提交全班交流时解决。

3．展示规则。

（1）分工明确，密切配合。小组（师友）共同展示一个问题，或学友解答诵读、师父评价补充，或师父样板展示、学友学习模仿，或是共同表演某个片段，或是尝试完成同一项实验。

（2）大胆发言，敢于质疑。鼓励学生敢于质疑别人的见解，敢于表述自己的理解和观点。

（3）表述清楚，落落大方。对学生展示的仪容仪态、语言表达、方式方法进行指导，做到有礼有度，学会尊重他人，又不盲从他人。

（4）内容适度，及时评价。展示的问题，尤其是上台展示的问题，内容不宜过少，应难易适度。师友展示时，不要打断其展示，要耐心听完之后再作评价或纠正、补充。

（5）适当讨论，多层展示。避免刚提出问题就让学生讨论，学生缺少思考的时间。避免学生讨论交流深度不够，思维刚进入状态，就被老师强行打断，在思维中形成“半拉子工程”，不利于培养学生思维，讨论效果很差。在鼓励弱势学生发言的同时，可限制优势学生发言次数和时间，提高发言质量，避免强势同学独霸课堂，多提供机会给学友。

4．教学相长。

（1）动静协调。静即学生照单（自学任务单）进行自读、自思、自问、自答、自练、自查；动即学生针对某一问题进行“互助学习”，开展互学、互练、互帮、互议、互查、互评活动。

（2）提问到组。将小组合作当成习惯而不是表演，眼里有小组而不是个别优生。有效提问十戒：专叫优等生，省时省力；专问差生，哪壶不开提哪壶；以问代罚，为难学生；不给时间，突然发问；模棱两可，节外生枝；越组代庖，自问自答；不置可否，不给评价；大而无当，无从作答；多而烦琐，串讲串问；问答如流，表面开花。

（3）重视评价。教师重视分数，学生才能重视分数。加分方法，每一个模块都要跟上加分，宜采用分档加分法：A：0.1分，B：0.2分，C：0.3分，D：0.4分，并强化结果的使用，将分数加入周评。

（4）精当点拨。注意不是所有的问题都是可以探究的，应适时选择合作。要求做到：

三讲三不讲：讲易混、易错、易漏的问题；讲学生想不到的问题；讲归类提升的问题。不讲学生已经会了的问题；不讲学生自己就能学会的问题；不讲教师讲了学生也不会的问题。

三要三不要：要及时反馈；要堂堂反馈；要节节落实。不要搞形式；不要有无效教学环节；不要齐步走。

四动四不动：学生要发动、活动、激动、行动，但不要骚动、躁动、浮动、瞎动。

四和谐四不和谐：和谐自主而不自由，和谐放手而不放任，和谐互动而不浮动，和谐互助而不无助。

五体现五不准：指导学生要体现启发性、体现差异性、体现结构性、体现规律性、体现拓展性。不准简单重复；不准机械照搬；不准琐碎设问；不准一刀切；不准信口开河。

五、评价方法

1. 计分评价。

学生课堂活动的每一个模块都要跟上加分，采取分层计分方法：A：0.1分，B：0.2分，C：0.3分，D：0.4分。以鼓励学力较弱的学生。

每一节课都要汇总、反馈，建立各班各学科记录本。

每一天的分数要汇总并画在“周结月累”表上。

每一周要评选出金、银、铜牌小组，挂在班外宣传栏里，可以登出小组照片。

每一月评选出各班冠军组，小组照片张贴在学校橱窗内。

教师可将小组一周成绩汇总折合成分数记录到周考成绩里去。将小组积分按比例记入个人学习成绩排名，促使我们不仅仅以学习成绩高低去单一的衡量学生，从而促使学生全面发展；同时能使得学生更注重学习的过程以及行为习惯的养成。

2. 激励措施。

◇ 拇指激励法，爱的鼓励，伸出一个或者两个大拇指。

◇ 语言激励法，多赞美。

◇ 电话激励法，与家长沟通汇报进步情况。

◇ 评语激励法，在单元试卷上写下激励的话。

◇ 当堂激励法，每堂课评选黄金搭档、钻石搭档。

◇ 课后激励法，定期召开师父学友座谈会，介绍优秀经验做法。

◇ 作业激励法，作业本上印笑脸标记，试卷上写下激励性评语，鼓励进步。

◇ 喜报短信激励法，向家长发喜报或短信进行激励。

◇ 榜样激励法，教室设置光荣榜，主题班会上优秀师友发言，班刊上分享经验。

◇ 优秀师父带动法，让评出的优秀师父带一名师父，课间辅导讲题技巧和分析问题的方法。

◇ 目标激励法，梳理师友的共同奋斗目标，包括短期和长期目标；对师父设置师父、优秀师父、十佳师父的目标体系；对学友设置学友、优秀学友的目标体系鼓励奋斗。

◇ 评出的优秀师友作为评选三好学生、学习标兵的依据之一。

建立监督检查机制：课堂上，互相监督纪律、及时笔记和当堂掌握情况；课间，师友交流思想，查缺补漏；休息日，师父电话抽查学友利用时间情况；

班干部、班级学习委员记录典型事例，由课代表具体掌握师友互助情况；教师及时与班主任沟通协调，反馈师友互助情况；班主任每天放学时对班级师友互助的典型事例进行总结，每月公示最佳拍档，学友犯错误，师父月考核也要降级。

3. 家长联系机制。建立家长联系本、微信群、QQ群等，充分与家长沟通，合作监督。

4. 教学评价中应注意的问题。

(1) 不仅要评价知识的掌握，更要注重对小组合作学习过程中表现的人文精神进行评价。

(2) 师友互助采用捆绑式的评价，不仅要评价个体，还要有对师友行为的共同评价，以增强师友互助的时效性，比如对师友两人总的学习等级在一定阶段内的升降进行评价。

(3) 课堂上要注意引导学生进行自我评价、相互评价，包括举手发言、课堂纪律、做题情况、质疑提问、个人参与和师友互助合作等方面，鼓励学生积极思考踊跃发言，回答问题有创意，师友学习中学会聆听，学会尊重，学会互助合作。

(4) 多元化评价，课堂评价与课外评价相结合，过程性评价与总结性评价相结合，教师评价与学生评价相结合。

(5) 要将评价结果纳入学生成长档案、师友发展档案，作为学生学期学年、毕业升学总结评定考核表彰的重要依据。

第五部分　学校教科研理念

近年来，随着素质教育的不断深化，我校教育内涵化发展取得明显成效，教育教学工作呈现不断优化的良好态势。作为教育工作的先导，教育科研必须跟上教育发展的步子，并走在教育实践的前面。为此，就加强我校教育科研工作提出以下意见。

一、提高对教育科研工作重要性的认识，强化“科研兴教”观念，提升我校教育工作境界

1. 从教育发展的战略意义上认识教育科研的重要性。教育科研是学校内涵发展的必由之路，是教育坚持科学发展观的重要标志之一。它是更新教育教学观念、转变教育行为的重要先导，是提高教师专业素养和教学能力、促进教师队伍从经验型向科研型转变的重要抓手，是实现教育决策科学化、民主化的重要前提，是学校提升办学水平、培育办学特色的重要基础，是全面推进素质教育、大面积提高教育教学质量的有效途径。因此，学校高度重视教育科研工作，把教育科研放在优先发展的地位，走出经验式管理、常规化办学的思维桎梏，追求教育科学发展的新思路、新出路，采取切实措施保障教育科研的有效实施，在制度管理、队伍建设、资源配置、经费保障及办学导向上，不断优化教育科研机制。

2. 树立大教育科研观念。教育科研既包括围绕教育改革与发展过程中需要解决的问题进行系统的有目的、有计划的课题研究，还包括对先进教育教学经验的总结和推广，以及结合教育教学实践的专题研究等。学校对于教育科研要多层次、多形式、多渠道推进，调动广大教育工作者的科研积极性，营造教育科研大环境，以有效地聚合教育科研力量，充分发挥教育科研

在实施素质教育和推进课程改革中的作用。广大干部教师要注重学习，及时获取教育改革和教育科研前沿理论和最新信息，更新教育教学观念，依靠教育科研提升自己，提升教育教学工作的科技含量。

二、加强组织领导，增强工作的计划性，确保教育科研的高效运转

3. 加强对教育科研工作的领导和支持。教育科研首先是学校的工作，是校长职责所在，然后才是教师的事，因此，教育科研要纳入校长任期目标，强化科研兴校意识。要把教育科研工作摆在学校重要工作日程，在规划学校教育事业发展时，同时规划学校教育科研的发展，要把教育科研工作列入学校年度工作计划，制定明确的工作目标；校长要把握学校教育科研的方向，加强对教科室的领导，协调好教学与教研的关系，把教育科研渗透到学校教育发展、教育管理、教学常规等各项工作中；保证学校教育科研机构人员、研究经费、办公地点、图书杂志和有关设备等相关事项的落实。

4. 建立健全教育科研组织机构，加强教育科研管理网络建设。学校成立“薛城奚仲中学教育科学规划领导小组”，负责制订全校教育科学规划、指导与管理各类课题、评选和推介优秀教育成果、指导学校教育科研工作的开展等。薛城奚仲中学教育科学规划领导小组办公室设在教科室。同时构建“教科室—课题组—教师”三级科研管理网络和运作模式。

5. 明确职责，完善学校教育科研工作管理。学校教科室主要负责宣传、普及教育科研的基本知识和方法；健全各项教育科研规章制度，做好教育科研资料的归档工作；协助上级教育科研机构加强对本校教师承担的各级各类课题的管理；开展教育信息交流和咨询活动，加强校际联系，组织学术交流；定期举行校级优秀教育科研成果评奖活动；定期组织本校优秀教科研成果的宣传和推广工作；定期汇编本校教师的教育教学论文；同时还要规划校级课题，定期出版教育科研刊物《奚仲教科研》。

6. 加强队伍建设，培养一批高素质的教育科研人员。依托教研组长的专业队伍，构建专职为骨干，专、兼、群相结合的教育科研队伍，促进全员性教育科研。致力于建设教育科研骨干队伍。培养出我校教育科研骨干、名

教师等承担校本课题的研究。并争取成为引领区教育科研的核心力量，承担区域性重点课题的研究与攻关工作。

三、优化工作机制，加强过程管理，推动教育科研优质高效发展

7. 加强制度建设，推动教师积极投入教育科研。学校要强化有利于教育科研工作的制度建设，建立以激励政策为主导的评价机制，把教师教育科研工作及成果纳入教育教学绩效管理，用制度来规范科研、引导科研、管理科研，用制度转变教师观念和强化教育科研的实践力度。同时，要立足教师本位，尊重教师个体差异，关注教师成长进步，积极发挥评价对教师教育科研行为的诊断分析功能，通过评价来促进教师积极主动、优质高效地开展教育科研工作。

8. 立足实际高端定位，实施课题研究拉动策略。紧密结合我校的教育教学实际选定课题，对教育发展和教育改革要有促进或指导的实践意义或学术价值。课题研究目标明确，内容具体，方法、步骤可行。课题组成员的年龄结构、知识结构合理，分工明确，具有一定的专业水平和研究能力，具备完成该课题的主客观条件。研究内容要力求在我校教育教学实际的基础上有所创新和突破。

9. 完善管理和指导，强化课题研究的成效。规范课题研究的过程管理。实行课题立项申报和结题认证制度。加强对课题立项、研究过程、结题验收及其科研成果转化、推广等环节的管理，克服教育科研的形式化和功利主义倾向，使教育科研管理工作步入规范化、制度化、科学化轨道。教科室（规划办）负责科研课题的规划和管理，各级课题要区教科室（规划办）审批或备案，实行统一规划管理，避免课题的重复立项和无价值立项。每年 6 月，对本学年立项和结题的各级课题进行备案和认证。

10. 实施课题过程跟踪检查制度。学校要把课题研究的过程管理列为日常工作的重要内容。对于已立项的课题，学校教科室每季度要调度一次，每学期向区教科室汇报一次课题研究进度，并汇总上报该学期课题研究成果与阶段性总结材料。过程性研究工作消极被动的，不予结题。

11. 加大课题研究扶持力度，逐步建立重大教育科研项目招标制度。对

教育改革发展中的重点、难点和热点问题，以及教育教学和管理中亟待解决的重大问题可以优先立项，重点跟踪，协调多方力量予以扶持。进一步加强教育科研重点实验基地建设。选择具有代表性的学科或班级作为教育科研重点实验基地，深入开展理论研究和实践探索，发挥基地的辐射带动作用，把教育科研实验基地建设成为教育科研课题研究基地、教育科研成果推广基地、教育科研工作示范基地。

12. 加强对教育科研成果的管理，建立教育科研工作交流机制。对优秀教育科研成果实行评审鉴定和表彰制度。教育科研成果统一由教育科学规划领导小组组织评审，每年评审一次，进行表彰奖励。凡具有一定应用价值、学术意义的最终研究成果和阶段性成果及时报送区教科室（规划办）。加大已有教学成果转化的力度。对有重大突破和应用性强的优秀教学成果和课题研究的成功经验，要通过报刊、网络、电视、现场会（研讨会）、印刷出版等方式进行宣传。对实施素质教育和新课程改革中的一些效果好、推广价值高的重要研究成果，教育局将予以推广。学校组织或承办各种教育科研学术交流、成果展示、专题研讨和讲座等学术活动，积极支持广大教师参与学术交流活动，学习、借鉴和引进教育科学研究的先进成果，推动我校教育科研的学术化进程。

四、明确重点，强化落实，大力提高我校教育科研水平

13. 理清思路，打造我校教育科研新局面。我们的教育科研思路是："点面结合、集中攻关、推广成果、打造名师"。其中"点面结合"有两层意思，一是营造全员性科研氛围，让更多的教师投身教育科研，并及时发现苗子，重点培养，搭建平台，扶持一批有基础的教师成长为学术型教师；二是着眼自身发展实际，探索以科研促提高的途径，努力形成教育特色。"集中攻关"是指集中骨干力量，解决教育事业发展中的难点问题，促进教育事业和谐发展。

14. 突出重点，有效突破教育科研的"瓶颈"。目前我校还缺乏教育科研项目的榜样示范和引领，干部和教师还没有认识和感受到教育科研的魅力，因此我们亟须破解制约自身发展的难题，创建个性特色品牌。要重点关注

学校办学特色创建和教育个性增长、学校文化建设、教育资源优化配置与有效利用、德育管理机制创新、心理健康教育与学科教学的有效整合、校本课程(地方课程)的开发与实施、学生动手实践与创新能力培养、作业的科学设计及评价、高效课堂建设,以及校长办学思想与成长规律等的研究。

15. 坚持教育科研形式多样化和个性化,培育教育科研的创新精神。积极开展"小课题"研究和教师行动研究,坚持课题规划和动态滚动相结合的方式,捕捉教育实践中有价值的问题。坚持课题研究与个例实践相结合,理论学习与课题研讨相促进。要注意整理和固化已经取得初步成效的教育教学经验,提升其理论水平和实践价值。

16. 做好结合文章,扎实开展教育科研活动。教育科研要把教育理论与教育现实结合起来,把教学常规的落实与创新发展结合起来,把教育规范与个性成长结合起来,把贯彻上级精神与实事求是、主动工作结合起来,把学校统一规划与教师个人追求结合起来,有效推动全校教育科研有活力、有成效地开展。

第六部分　学校科技创新理念

一、项目名称

科技创新教育校本课程研究。

二、基础条件与可行性分析

1. 师资及技术条件。我校拥有一批优秀的可从事科技创新教育研究工作的一线教师队伍，他们学历层次高，年龄结构合理，精力旺盛，工作有开拓精神和创新意识，能够适应科技创新工作要求，为本项目的研究打下了坚实的师资基础和技术保障。

2. 学生的科技素养基础。在奚仲文化的熏陶下，我校学生传承了奚仲文化的精髓——创新精神，奚仲造车的智慧灵光点燃了他们科技创新的激情，为我校科技创新工作奠定了良好的学生基础。

3. 制度及物质保障。我校主要领导充分认识科技创新教育研究的重要性，成立校长挂帅的领导小组，制定各项规章制度保证课题研究的有序开展；成立以物理、化学、生物、信息技术等学科教师为主的指导教师队伍，为活动开展提供技术支持；专门安排活动场所和网络办公设备，为课题研究创造物质条件。

三、科技创新教育的理论依据

1. 发现学习理论。

美国著名认知派心理学家布鲁纳在20世纪60年代针对传统教学的“仓库理论”，从认知心理学出发完善了“发现学习”理论。他强调学生的学习应该是主动参与、主动发现的过程，而不是被动地接受知识。“发现学习”理论有四个基本特点：

（1）强调内在动机。“发现学习”有利于激发学生的好奇心和求知欲。好奇心是学生学习的内在动机的原型，它使学生有一种求得才能的驱动力，能够提高学生的学习兴趣和学习的主动性、积极性，因而有利于学习效率的提高。

（2）强调直觉思维。科学研究表明，直觉思维对科学发现极为重要。直觉思维不同于逻辑思维，它采用跃进、越级和走捷径的方式进行直觉判断或产生顿悟（即灵感），且往往是借助于现象、形象和图形。直觉思维是创造性思维的重要形式，是创造型人才的一种基本素质。

（3）强调学习过程。在教学过程中学生是一个积极的探究者，教师的作用是创设适合学生探究的情境，而不是提供现成的知识和结论。

（4）强调对信息的提取。学生储存的信息只有经过合理的组织，才能得到最准确的保持，有明确结构的材料便于检索，有利于提取。

依据发现学习理论，科技创新教育中教师通过科技探究活动引导学生对未知领域产生兴趣和认知需要，出现一种需要学习的心理倾向，激发自主探究的学习动机。在科技探究中，学生是活动积极的探究者，教师的作用是创设适合学生探究的情境，引导学生积极思考，而不是提供现成的知识或结论。

2. 建构主义学习理论。

建构主义的最早提出者可追溯至瑞士的皮亚杰。他认为，儿童是在与周围环境相互作用的过程中，逐步建构起关于外部世界的知识，从而使自身的认知结构得到发展。儿童与环境的相互作用涉及两个基本过程：“同化”与“顺应”。认知个体（儿童）就是通过同化与顺应这两种形式来达到与周围环境的平衡。儿童的认知结构就是通过同化与顺应过程逐步建构起来，并在“平衡—不平衡—新的平衡”的循环中得到不断的丰富、提高和发展。这就是皮亚杰关于建构主义的基本观点。

（1）学习的实质是学习者的主动建构。建构主义学习理论认为，学习不是老师向学生传递信息、学习者被动接收知识的过程，而是学习者主动地建构知识的过程。这一过程不可能由他人代替，每个学习者都是在其现有的知识经验和信念的基础上，对新的信息主动地进行选择加工，从而建构起自己的认知结构，而原有的知识经验系统又会因新信息的进入发生调整和改变。

(2) 有效的学习需要在合作中、在一定框架的支持下展开。建构主义学习理论认为，学习的意义源于建构。学生以自己的方式和角度来理解新事物，通过与他人的讨论、互助等多种方式，学生可以超越自己的认识，更加全面深刻地理解事物，看到那些与自己不同的理解，检验与自己相左的观念，学到新东西，对知识进行重新建构，在自己头脑中建立起包容新知识在内的新的认知结构。

在建构主义学习理论的影响下，科技创新教育充分发挥学习者的主体作用，引导学生主动探索、发现问题，利用小组合作、集体讨论、探究等形式创造性地解决问题。学生在通过不断地发现问题、解决问题的过程中，完成对新知识的意义建构。

四、指导思想和原则

1. 指导思想。

以习近平新时代中国特色社会主义思想为指导，以“科学思想、科学方法、科学知识和科学精神”相统一的科技教育为载体，实施素质教育，培养学生爱科学、学科学、用科学的习惯和能力，提升学生的科技素养，发展学生的科技特长，点燃学生发明创造的火花，以此作为突破口和生长点，弘扬学校的办学特色，实现学校素质教育的可持续发展。

2. 指导原则。

(1) 自主性原则。科技创新研究课题由学生自主决定，只要学生感兴趣，经过了指导教师小组的可行性分析，都可以进行创新研究。学生可以自主选择课题组成员，可以自主选择指导教师，课题研究的分工和活动时间、行动进度也可由学生商讨决定。整个研究过程充分发挥学生的主观能动性，极大地调动学生的积极性、主动性和创造性。

(2) 实践性原则。实践是检验真理的唯一标准，科技创新教育要立足于实践，通过学生自主实践活动中的团结协作、集体攻关、严谨思维、调查研究、精密计算等活动，培养他们的团结合作精神与科学态度。

(3) 创造性原则。在科技创新教育活动中，培养学生主动思考、认真分析、独立解决问题的习惯，引导他们模拟科学家的探索活动，开发学生的创造能力。科技创新教育活动立足于学生的个性发展，体现了学生在探究过程中的主体地位，在科技创新教育过程中发现新事物、新规律，掌握新方法，训练学生提高运用已有知识创造性地解决新问题的能力，为将来成为创新型人才奠定基础。

(4) 过程性原则。科技创新教育，应淡化研究成果的评价，注重学生科技创新活动的过程，注重对学生创新能力和综合素质(如使命感、责任感、自信心、进取心、意志、毅力、气质、抗挫力等)的培养，对学生的创新成果要客观看待，不能有过高的期望值。要充分肯定学生开展科技创新活动的过程，要重过程而轻结果。

五、预期目标

1. 经过科技创新教育的初步实施阶段后，选拔不少于三件成果申请国家专利，推荐部分优秀成果参加各级青少年科技创新大赛并力争取得较好成绩。

2. 经过科技创新教育的全面展开阶段后，初步形成我校科技创新教育校本课程的初稿。

3. 经过科技创新教育的再实践阶段后，对我校科技创新教育校本课程初稿进行修订，形成修订稿。

4. 经过第五阶段的归纳整理，形成具有我校特色的科技创新教育校本课程。

六、实施步骤与进度

薛城奚仲中学科技创新教育校本课程研究周期为 2022 年 9 月—2025 年 8 月，分五个阶段进行。

1. 第一阶段：条件准备(2022 年 9—10 月)。

（1）教师学习培训。

（2）软、硬件设施配置。

（3）初步发动学生。

（4）成立活动领导小组。

（5）建立各项规章制度。

2. 第二阶段：初步实施（2022 年 11 月—2023 年 7 月）。

（1）组建科技兴趣小组。

（2）科技兴趣小组活动选题及论证。

（3）科技兴趣小组活动。

（4）科技兴趣小组活动总结。

（5）组织参加各级青少年科技创新大赛。

（6）大赛成果总结。

3. 第三阶段：全面展开（2023 年 8 月—2024 年 7 月）。

（1）全面展开的宣传发动。

（2）指导教师的培训、分工。

（3）科技创新课程的开设。

（4）各科技创新小组分头开展活动。

（5）阶段性总结、调研。

（6）校内科技创新活动经验交流。

（7）调度各小组活动进展情况。

（8）本阶段活动总结表彰。

（9）校科技创新教育活动阶段性成果汇总。

（10）推选校优秀科技创新教育成果参加各级青少年科技创新大赛。

4. 第四阶段：再实践（2024 年 8 月—2025 年 3 月）。

（1）总结全面展开阶段的科技创新教育活动优秀经验，形成科技创新教育校本课程的雏形。

（2）对该校本课程雏形进行系统性分析、完善。

（3）对该校本课程雏形进行可行性分析、完善。

（4）对完善后的校本课程进行再实践。

（5）调度再实践的运行情况，对再实践过程中发现的问题及时研究完善方案。

（6）再实践活动阶段总结。

5. 第五阶段：归纳整理（2025 年 4—8 月）。

（1）汇总科技创新教育校本课程的再实践阶段成果。

（2）对经过再实践活动检验和纠正的科技创新教育校本课程进行课题组内的研讨修订。

（3）将经过课题组内修订后的科技创新教育校本课程交学校校长办公会审核。

（4）对课题研究的全过程进行总结。

七、推进措施

1. 固定活动场地。常设活动地点在德润楼物理实验室，分组活动另设在化学实验室、生物实验室、微机室和会议室等。

2. 成立指导教师队伍。成立专门的指导教师小组，分工负责各活动小组的指导，指导教师分工不分家，协调配合，通过每周三的指导教师例会，探讨疑难问题，共同完成指导工作。

3. 配备硬件设施。充分利用学校现有的实验室、微机室资源，另外，指导教师每人配备一台手提电脑，购置一台小型多功能钻铣车床，在日后的课题研究过程中根据需要购置必要的设备。

4. 固定活动时间。每周规定 2 课时例行活动时间，各活动小组可以根据自己的研究需要增加活动时间或社会实践时间。

5. 成立兴趣小组。通过宣传发动，选拔部分积极性高、有创新思维、科技素养较好的学生成立兴趣小组，培养科技创新骨干，以点带面，逐步辐射。

6. 利用校外资源。联系区科技协会、区职业中专、纺织机械厂、海化集团、远通纸业等企事业单位，作为我校科技创新教育的校外活动基地。

7. 开展节庆活动。定于每年 3 月中旬举办校科技创新大赛，为参加省、市大赛选拔优秀创新成果；定于每年 9 月初举办科技创新成果展示周活动，展示上一阶段我校开展科技创新教育活动的成果和参加各级大赛的获奖情况，烘托校园的科技创新氛围，为下一阶段科技创新教育活动的开展打好基础。

8. 聘请校外顾问。根据活动开展需要，适时聘请有关专家作为我校科技创新教育活动的校外顾问，定期来校举办讲座、座谈会等活动，做好引智和嫁接工作。

9. 制定奖励措施。为调动指导教师和学生参与科技创新教育活动的积极性，结合学校的整体奖励方案，对在科技创新教育活动中表现突出的教师进行精神表彰（职务评聘、评优、晋升、奖励等）和量化分奖励，教师本人所指导的创新科研成果（包括论文、实验报告、科技发明等）获奖的，根据学校奖励细则的规定给予奖励。另外，在课题研究工作中，给指导教师每周加 2 课时工作量，休息日的辅导给加班补助，外出调研给误餐补助并报销交通费等。评选“校园科技之星”，鼓励和表彰科技创新成绩突出的学生。

八、保障机制

1. 组织领导。

（1）成立科技创新教育校本课程研究领导小组（以下简称“领导小组”），学校一把手任组长，副校长任副组长，教导处主任、办公室主任、政教处主任、团委书记、电教站主任、创新办主任等任领导小组成员。领导小组负责科技创新教育校本课程研究工作的制度制定、人员调配、财物保障、监督执行、责任追究等工作。

（2）领导小组下设常务办公室，活动地点设在创新办。常务办公室负责科技创新教育校本课题研究的工作安排、协调、督促、检查等日常工作。

2. 技术支持。

（1）定期培训：学校根据工作需要定期轮流派出指导教师到先进地区学习和培训，学习外地的先进技术和经验。

（2）邀请专家来校指导：根据工作需要，学校定期邀请专家顾问来校开展科技讲座活动。

（3）组织学生参观学习：利用参加各类比赛的机会，组织参赛学生参观科技馆、少年宫、科技展览等。

3. 人财物保障。

（1）成立科技创新教育指导教师小组。

（2）为做好科技创新教育工作，学校除保证必需的固定设备投资外，每年在教师培训、消耗品购置、企事业单位联谊、顾问聘请、参赛费用等方面的投入不低于5万元。

（3）为了保证课题研究的正常开展，学校规定常规活动场所定在物理实验室，分组活动设在物理实验室、化学实验室、生物实验室、微机室和会议室等。

（4）学校为指导教师每人配备一台笔记本电脑，方便他们上网查阅资料，购买一台小型多功能钻铣车床，方便学生手工制作。

4. 建立考评制度和责任追究制度。

（1）建立考评制度。为了保障此项工作的有效开展，学校根据工作需要制定科技创新教育校本课程研究工作考评制度，对创新项目的立项、实施计划、实施过程、中期汇报、方案调整、阶段总结、成果鉴定等环节进行考评监督，对活动考勤、过程材料、开展效果等环节进行评价。

（2）建立责任追究制度。为保障科技创新教育校本课程研究工作能够顺利实施，领导小组对已经立项的创新项目进行跟踪检查，对人为因素导致结题延迟或失败的项目进行严肃审查，对有关责任人进行责任追究。根据情节扣除当事人当年10～50分或处以50～500元罚款，情节特别严重的，由校长办公会研究处理意见。

九、预见性问题或困难

1. 第一阶段工作中的创新项目选题工作是关键，要力求准确，适合中学生特点，力戒脱离实际，不能选题过大或过难。

2. 第二阶段中的科技兴趣小组的筹建，要充分调动学生的积极性，要宣传发动到位，避免学生及家长因怕影响学生学习和占用休息时间而不愿投入精力，从而影响第二阶段的全面工作。

3. 因指导教师的水平有限，在指导学生科技创新活动过程中可能会因为理论高度不够而导致研究方向出现偏差，致使学生在创新研究中出现走弯路甚至走错路的现象；因指导教师的责任心不强等原因，导致个别活动小组科技创新教育不深入、延迟或中断。

4. 因为学校政策失去连续性而导致课题研究工作中断。

第七部分　学校校本课程(节选部分内容)

创新技法与训练

【创新技法的概念及阐释】

1. 概念。

创新技法又称创造技法，是指创造学专家通过收集大量成功的创新案例，研究发明人取得成功的过程和思路，再通过分析、归纳、总结，找出发明创造的一般规律，进行分类整理，把某些具有相同特征的发明归为一类，用一个简明词语命名，称之为某某发明方法。如人们熟悉的主体附加法、缺陷发明法、联想发明法、微缩发明法、头脑风暴法、专利发明法、音乐发明法、反面突破法、移植创造法等。

2. 作用。

(1) 通过学习创新技法可以启发学生的创造性思维，开启学生的创造人生；

(2) 应用创新技法可以缩短学生创新摸索的过程，快速产生创新成果；

(3) 能够提高学生的创新能力，适应快速发展的社会环境；

(4) 能够培养学生的创造力，为将来创造性地开展工作奠定基础。

3. 分类方法。

国内外创造学家通过对大量成功创造创新案例的研究，分析、归纳、总结了具有规律性的方法和程序。日本出版的《创造技法大全》总结了 300 多种创造技法，其中常用的有 100 多种，最常用的约有 30 种。这些方法对于从事创造创新活动的主体来说具有一定的指导意义，对于中小学生更是如此。但各种方法都有其自身的特点、局限性和适用范围。为了便于人们学习和使用，国内外创造学研究专家对其进行了分类。

分类的方法多种多样，下面介绍两种常用的分类方法。

日本创造学会会长高桥诚先生把创造技法分成三类：第一类是扩散发现技法，主要是寻求问题所在，再提出设想，进而加以解决；第二类是综合集中技法，主要是收集情报，然后按照顺序来解决问题；第三类是创造意识培养技法，指为解决各种问题而培养创造意识的方法。

我国东北工学院（现东北大学）和国家科委人才资源研究所创造力课题组的专家，结合他们开展创新教育的实践经验，将创新技法分为提出问题的方法和解决问题的方法两大类，具有一定的代表意义。

很多创新技法可能因为实施者的思维角度不同，产生的效果就不同，就以“主体附加法”为例，如果实施者想拿一个物体作为主体，想看一看附加上不同的附件后能够得到什么新产品，那么这时候“主体附加法”就是一个提出问题的方法。但是如果实施者想用一个物体作为主体，通过附加其他物体得到一个特定的新物体，那么此时的“主体附加法”就应该归类为解决问题的方法。

其实，创新技法怎样分类并不重要，关键是同学们要理解并能够熟练运用每种创新技法。下面将介绍几种常用的创新技法并加以训练。

【创新技法介绍与训练】

1. 主体附加法。

（1）主体附加法的概念。

主体附加法是以某事物为主体，再添加另一附属事物，以实现组合创新的技法。在琳琅满目的市场上，人们可以发现大量的商品是采用这一技法创造的。如在铅笔上安橡皮头，在电风扇中添加香水盒，在摩托车后面的储物箱上安装电子闪烁装置，都具有美观、方便又实用的特点。

主体附加法是一种创造性较弱的发明方法，人们只要稍加动脑和动手就能实现，但只要附加物选择得当，同样可以产生巨大的效益。人们身边的很多事物都是利用主体附加法创造的，我国目前的专利申请中，95%以上的实用新型专利都是利用主体附加法创造的。因此，主体附加法是发明创造的基本方法，是最常用的发明方法，也是最重要的发明方法。

（2）主体附加法的运用。

主体附加法的运用，首先要确定主体附加的目的，可以通过分析主体的缺点，然后用列出种种希望，再确定某种希望作为附加的目的。其次，根据附加目的确定附加物。主体附加法的创造性很大程度上取决于附加物的选择能够使主体产生新的功能和价值，以增加其实用性。例如：电扇加定时器、电冰箱加温度显示器、彩色电视机上附加一遥控器、带橡皮头的铅笔、含微量元素的食品等。例如：杯子是用来盛水、饮水用的，那么杯子能革新吗？一位工程师用主体附加法发明了磁化杯，在杯底及杯盖上各加一块磁铁，使杯中水磁化后，其溶解度和溶氧量均有所提高。人饮用磁化水，有利于体内各循环系统障碍物的溶解和排出，促成人体新陈代谢，从而具有保健功能。磁化杯的发明人在申请专利后，利用1万元贷款、10平方米的“厂房”办起哈尔滨磁化器厂，工厂迅速发展终于成为全国闻名的企业。

（3）主体附加法创新案例展示。

下面就一些常见的主体附加法创造的产品加以分析。

手提箱是人们外出旅行时随身携带物品的必备工具，但手提箱因为笨重不便携带，常常给旅途增添许多不便和烦恼。有人在手提箱上加装了可伸缩的拉杆，可以大大减少旅客搬运行李的烦恼。拉杆箱迅速风靡世界，成为远行人的必选商品。

手提箱

拉杆箱

椅子是最传统的家具之一，有人为了坐着更舒适，给椅子附加了扶手，太师椅就出现了，太师椅给人威严感，于是人们争相购买；有人在太师椅的下面加装弧形枕木，太师椅就变成了摇椅，人坐到摇椅里摇啊摇，很是舒服，尤其受到老年人的钟爱。

普通椅子

太师椅

摇椅

在自行车上安装电池和直流电机，就变成了电动自行车，简称电动车。人骑上电动车，不用自己蹬就可以快速运动，省去了人力脚蹬踏板的辛苦，在我国大江南北迅速普及。

普通自行车

电动自行车

电工刀是电工作业的必备工具，在剥离电线绝缘皮时，没有电工刀是很难完成作业的。电工有时候还会遇到除剥电线外的其他操作，比如钻小孔、卸螺丝等。有人把改锥、针锥等安装到电工刀上，使一刀多用。瑞士军刀更是做到把剪、锉、磨、削、钩、穿、刺、锯、起、切、钳等工具都集中在一把军刀上，且能够做到做工精细、经久耐用，成为与瑞士钟表齐名的世界名品。

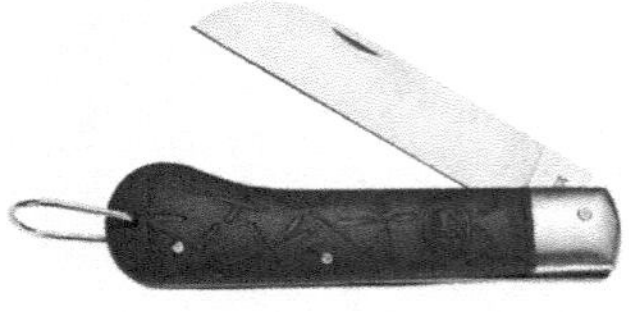

普通电工刀

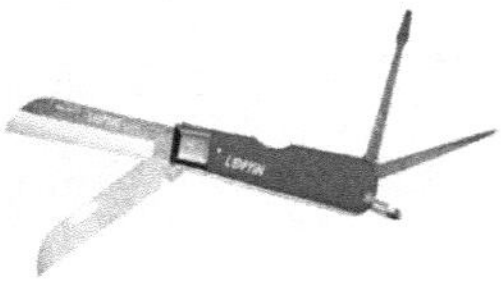

四用电工刀

瑞士军刀

2. 缺陷发明法。

(1) 缺陷发明法的概念。

缺陷发明法,也叫作缺点发明法、找缺点发明法、缺点改正发明法等,是指循着某一事物存在的缺陷,尝试通过采取有效措施弥补这一缺陷,从而创造新事物的方法。缺陷发明法是一种常用的发明创新方法。

(2) 缺陷发明法的原理。

许多成功的发明家,都有一个不为人知的发明窍门,那就是他们知道,世界上的一切事物都没有十全十美的,即使再畅销的商品,也绝非完美无缺。寻找各种物品、用具、器械等的缺点和短处,也就找到了发明的方向,这就是发明创造的突破口。

例如,用壶烧开水时,水开后,如果烧水的人没注意,开水由于沸腾会从壶里溢出来,可能会把火扑灭,发生意外。有人发现了这个缺陷,经过用心琢磨,在壶盖上开一个小孔、装上一个哨子,水沸腾时,蒸气从气孔喷出,使哨子发出声音,能够提醒周围的人注意,这样既可以避免危险,又可以减少浪费能源。事实上,飞机、火车、汽车、轮船、手机、电梯、大炮、火箭、宇宙飞船、太空舱、宇航服等产品,都是利用缺陷发明法创造的物品。

总之,从你周围熟悉的事物当中,通过研究或者聊天的方式征集别人对它们使用后的感受,比如优点是什么,缺点是什么等,发现它们存在的缺陷,甚至是隐蔽性很强的缺陷,进一步研究出相应的解决方案,动手改进它,这就是缺陷发明法的真谛。

(3) 缺陷发明法实例 1:易拔插头。

① 易拔插头简介。

易拔插头是奚仲中学2011届毕业生张广博同学于2010年发明的，该作品先后曾荣获枣庄市第二届“小哥白尼”杯中小学实践与创新大赛一等奖、山东省第二十六届青少年科技创新大赛二等奖、第二十二届亚洲青少年国际发明奖银奖等。

易拔插头1

② 创新思路。

插头存在的缺陷：在人们使用活动插座时，常常会遇到这样的情形，当完成一项任务后，人们需要拔出插头，但因为一只手拿着物品、沾着油污或其他的原因，只能用另一只手完成拔出插头时，人们发现，这一简单的任务必须借助别人的帮忙或者至少用一只脚来协助才能完成，很不方便。因此，张广博同学根据杠杆原理设计制作了一种只需要一只手就可以从活动插座中轻松拔出插头的新型电源插头——易拔插头。

张广博同学通过广泛收集材料发现，国内外的插头产品众多，形式多样，应用于不同的电源连接领域。这些产品，注重插头在连接时的牢固性，而对拔出环节的设计很少考虑。

张广博同学设计的这款插头，需要具备以下三个特点：第一，一只手即可方便拔出，易于操作；第二，连接牢固，不易松脱；第三，性能安全可靠。

根据以上三个特点，张广博同学计划制作这样的易拔插头：在原有插头的基础上加装弹簧和弹片，弹簧的作用是在插头插入时把弹片弹起；弹片的作用是拔出插头时，能够支撑活动插座，使插头从插座中拔出。

③ 制作过程。

a. 选择合适的弹簧：该易拔插头所使用的弹簧长度为 10～12 毫米，直径大约为 4 毫米，丝径大约为 0.4 毫米。张广博同学利用星期六、星期天的时间，跑遍了全城所有的五金店等可能卖弹簧的地方，都没能买到想要的这种弹簧。他试探着用弹性圆珠笔中的弹簧改造、买相近的弹簧改造，都没能成功。后来，一次偶然的机会，张广博同学在他爸爸的一个废旧的小型继电器上找到了规格相近的弹簧，弹簧的问题终于解决了。

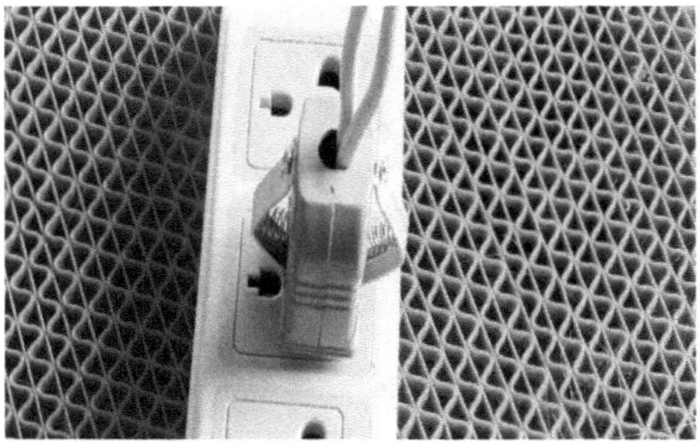

易拔插头 2

b. 选择弹片材料：找到合适的弹片是本项目取得成功的关键。这种弹片应该具有以下特点：第一，不导电，从安全的角度考虑，这种材料必须是绝缘的；第二，耐弯折，这种材料必须弹性好、韧性好；第三，使用超薄材料，安装在插头上的这种材料要非常薄，不能增加插头的厚度，使作品笨重，不美观。

在苦苦搜寻并多次试验后，在一个偶然的机会，张广博同学发现用固定手机卡的剩余部分做成的弹片基本能够满足要求，于是就选择这种材料作为弹片。

c. 改造原有插头：以上两种材料选择以后，接下来的工作就是改造插头，安装固定弹片和弹簧，初步做出了一个不太美观的东西，但使用起来效果还可以，于是张广博同学就拿着这个作品给老师看，没想到被老师一下子就给否了，要求他继续制作，美化完善。

回去后，张广博同学苦思冥想，怎样才能把作品做得更美观。在反复琢磨后，他试探用烧红的薄铁片在插头的边缘对称烫出两个弹片导槽，把弹片插入导槽内，固定好弹片的另一端，固定好弹簧，试验作品效果，感觉比上次大有进步，而且稳定性、美观性都大大提高。经过张广博同学对作品的细节包括弹片、固定孔等做进一步打磨，再重新安装，终于得到了现在的作品。

（3）缺陷发明法实例 2：车轮辅助器。

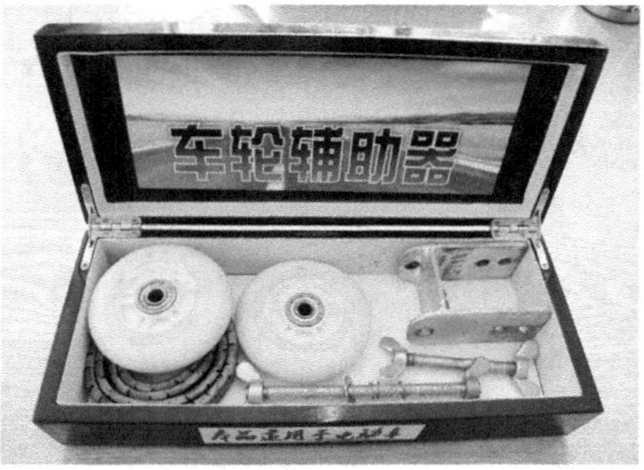

车轮辅助器

① 车轮辅助器简介。

车轮辅助器是奚仲中学 2011 届毕业生孙佑浩同学于 2010 年完成的创新作品，曾先后在枣庄市第二届“小哥白尼”杯中小学实践与创新大赛上荣获一等奖、在山东省第二十六届青少年科技创新大赛上荣获三等奖、在第二十二届亚洲青少年国际发明展上荣获铜奖。

② 问题提出。

在人们骑电动车时，常常会遇到这样的情形：当车子扎胎后，人们的车子将无法骑行，给急着赶路的人带来了许多困难。

因此，为解决这一困难，孙佑浩同学研究制作了扎胎后可以骑行的工具——车轮辅助器。

③ 设计思路。

孙佑浩同学通过上网搜索，问询修车店及车主等各种方式进行调查，发现并没有某种发明或简易的工具可以让电动车在扎胎后继续骑行。扎胎之后人们要干的就是把车子推到修车子的地方补胎，然而在推着去补胎的过程中，又对车胎造成了二次伤害，有时候，甚至要换个轮胎（内胎）。

孙佑浩同学设计的这个辅助器，需要具有以下三个主要特点：第一，安装之后可骑行，方便；第二，固定紧，不易改变方向；第三，体积轻便，易放。

根据以上三个主要特点，孙佑浩同学计划制作了这样的辅助器：在旱冰鞋的基础上改造，经过了几次的改造、修改，才形成了今天这个样子。

④ 制作过程。

a. 作品外形的设计制作。在设计这一关中，孙佑浩同学下了不少的功夫，从构思到作图，这大概用了一个多星期的时间。当初计划的时候长是 50 毫米、宽是 20 毫米、高是 40 毫米，是在两侧带有夹板的物品，后来经过 5 次的改造才形成了如今的模样。

带车轮辅助器的自行车

b. 选择轴、螺丝、车轮、固定带。经过改造之后，确定的是小轴两端丝长各为 15 毫米，垫圈直径为 17 毫米，长是 72 毫米。这个小轴和大轴有个特点，中间是空的(也就是没有螺纹)。大轴长为 130 毫米，在轮的两边各有卡子 2 个，由于是 2 个轮子，所以有 4 个卡子。孙佑浩同学利用周六周日跑遍了所有的五金店，没有找到合适的东西。他在买了相似的之后拿到了车床加工的地方，让他们把中间磨平，两边各留 15 毫米的螺纹。轴的问题解决了，剩下的就是螺丝。这个发明就是为了方便，如果需要带工具那就不方便了。在螺丝市场上有一种两边带有铁片的螺丝，这样拿手拧就能拧紧了。

螺丝的问题也解决了，剩下的就是车轮了。孙佑浩同学想到人们现在玩的活力板的轮就是这样的，他就拿自己的活力板的轮试了一下，大小正合适。于是他就去玩具店买了两个轮子。车轮问题解决了。固定带的作用是把车轮固定住，不让车轮转，使用辅助器转。这个是成熟技术，在街上随处可见，所以这是别人的东西，不是原创的。

c. 改造过程。辅助器经历了五次改造：第一次改造从四轮变成两轮，从两边放轮到下部放轮。第二次改造成勾轮胎，使用一轴四个螺丝两轮。孙佑浩同学把第二次改造做成的成品拿给老师看，老师仔细看了一会，提出许多建议让孙佑浩同学继续制作、美化完善。回到家后，孙佑浩同学重新构图、改造、制作。第三次改造将辅助器扣在车轮上，下在部插入轴、轮、螺丝。老师看了之后又提出建议，让把上部的扣铁选造成空心的，使用车轴固定。孙佑浩同学改造了三次，心想第四次不用改了吧。第四次孙佑浩同学把它改造成两轴的。上部一轴，下部一轴，轮在下部的大轴上。老师看了之后，总结前三次的改造，建议改为在轴的作用下，下部会动，因为都是圆的，把下部改造成别的形状，轴保留。

d. 进一步完善：经过前四次的改造，孙佑浩同学尝试在轴上面加一个铁片，把固定装置和轴分成两部分，这次老师没有否定，他让作者打磨、磨平，作者经过第五次的改造终于形成了现在的作品。

⑤ 作品效果。

改造五次后，车轮辅助器已经是个成品了，经过实验，解决了推的问题。前轮扎骑着走，后轮扎推着走，解决了许多问题。孙佑浩同学把作品拿给同学、老师试用，效果很好，他们都表示满意。

3. 头脑风暴法。

(1) 头脑风暴法的概念。

头脑风暴法是由现代创造学的创始人、美国学者阿历克斯·奥斯本于1938年首次提出的，最初用于广告设计，是一种集体开发创造性思维的方法。“头脑风暴”的概念源于医学，原指精神病患者头脑中短时间出现的思维紊乱、产生各种各样的胡思乱想的现象。创造学家借用这个概念来比喻思维高度活跃、打破常规的思维方式而产生大量的创造性设想的情况。

（2）头脑风暴法的原理。

头脑风暴法的原理是通过强化信息刺激，促使思维者展开想象，引起思维者的思维扩散，在群体相互激励下，在短时间内产生大量设想，并进一步诱发创造性设想，再根据问题的特征对这些创新设计加以甄选，找出最佳的解决方案，从而实现创新创造的目的的一种创新方法。该方法存在简单易行、成本低、效率高等特点。

（3）头脑风暴法的实施原则。

在组织头脑风暴活动时，应该遵循以下几个原则：

① 自由畅想。要求参加者不受任何条条框框的限制，放开思想，让思维自由驰骋。

② 延迟评价。在组织头脑风暴会议时，必须坚持当场不对任何设想作出评价的原则。

③ 以量求质。头脑风暴会议的目标是获得尽可能多的设想，增加设想的数量，以便获得有价值的想法。

④ 综合改善。鼓励与会者对别人的设想补充完善形成新的设想，会后对所有设想做综合改善的工作。

⑤ 限时限人。会议通常限定时间为 30～60 分钟，人数为 10 人左右。

【课堂训练】

头脑风暴法实施训练

（1）活动分组：根据课堂人数，以每 10 人为一组划分活动小组。

（2）选出组长：组内民主选拔一位组织能力强、发言积极踊跃的同学为组长，作为本次头脑风暴创新活动的组织者和记录者。

（3）拟定主题：治理雾霾（或自选主题）。

（4）活动过程：

① 组长做开场演说，提出问题，鼓励大家积极思考解决方法。

② 组长在第一位同学发言时，拿出一张白纸，在纸张中间，记录该同学发言内容；继而鼓励每位同学就第一位同学的措施进行完善，逐一记录在这张白纸上。

③ 在活动进行一段时间后，活动进入空白期，每个同学感觉该说的话都已经说完了，组长示意同学们沉思 10 分钟；空白期之前的发言一般都是常规解决方法，沉思之后的发言多是超常规的解决方案，要引起重视。

④ 沉思 10 分钟后，开始发言，组长新拿出一张空白纸，尽量完整记录组员发言的内容。

⑤ 全部发言结束后，组长拿出做好记录的纸，全组同学共同整理记录内容，找出本组同学在头脑风暴活动中提出的问题解决思路。

⑥ 头脑风暴活动中，组长要始终注意提示组员完善其他同学的想法，不去评价甚至批评别人的发言内容，整个头脑风暴的过程要控制在相互鼓励、互相完善、彼此欣赏的氛围中，不让任何同学担心自己的发言会受到嘲笑或讥讽，再简单的想法都值得肯定。会议时限控制在 40 分钟以内。

水　火　箭

【水火箭概述】

水火箭是一个利用水作为推进剂，利用物理学的动量守恒原理，通过气压的反冲作用而设计的火箭模型玩具，同时是物理教学中著名的案例之一，可以培养学生对于物理的学习兴趣，而其中蕴含的物理原理是学习物理中力学知识的重要基础。

水火箭又称气压式喷水火箭、水推进火箭。它利用废弃的饮料瓶制作成动力舱、箭体、箭头、尾翼、降落伞。向水火箭动力舱中灌入约 1/3 的水，利用打气筒充入空气，当到达一定的气压后，可以控制发射或自行发射。水火箭利用水和空气的质量之比（水的密度约为空气密度的 772 倍），压缩空气把水从火箭尾部的喷嘴向下高速喷出，在反冲作用下，水火箭加速上升，并在惯性作用下在空中滑翔飞行。水火箭像导弹一样有一个飞行轨迹，最后到达一定高度，在空中打开降落伞徐徐降落。

水火箭是寓教于乐、科技含量高，深受广大青少年喜爱的能够动手、动脑的优秀科普器材。它可以让学生直观了解导弹、运载火箭发射升空和回

水火箭发射场景

收的过程。水火箭的飞行与飞机的飞行原理不同，水火箭的飞行过程中，牛顿第一定律、第二定律、第三定律（作用与反作用、惯性、能量守恒定律）均发生作用。通过水火箭活动，学生们可以了解一些基本的空气动力学和飞行力学等方面的知识，了解航天科技，热爱航天科技，有助于为国家航天事业培养、造就、输送优秀人才。

【水火箭的结构】

水火箭由箭头、箭体、动力舱和尾翼四部分组成。

1. 箭头：箭头也是降落伞舱，是用铜版纸卷制而成的锥形体，内部空间可以安放降落伞，同时具有减小飞行阻力的作用。

2. 箭体：是桶状圆柱体，上部支撑箭头，下部固定动力舱，具有承上启下的作用，外壁光滑，以便减小空气阻力，还可以涂装色彩图案等作为标志或者伪装。

3. 动力舱：是一整个完好的汽水瓶，瓶口朝下固定于箭体的下部，使用时，内部装入约 1/3 的水，使用时，瓶口朝下安装在发射架上。

4. 尾翼：用 0.5～1 毫米厚的硬塑料板做成，固定于动力舱的下端，由三片或四片对称分布，作用是控制水火箭的飞行方向。

目前，市场上有批量生产的水火箭箭头、箭体和尾翼，工艺比较精细，但由于价格较贵，不利于活动的普及。因此，我们还是鼓励学生自制水火箭，

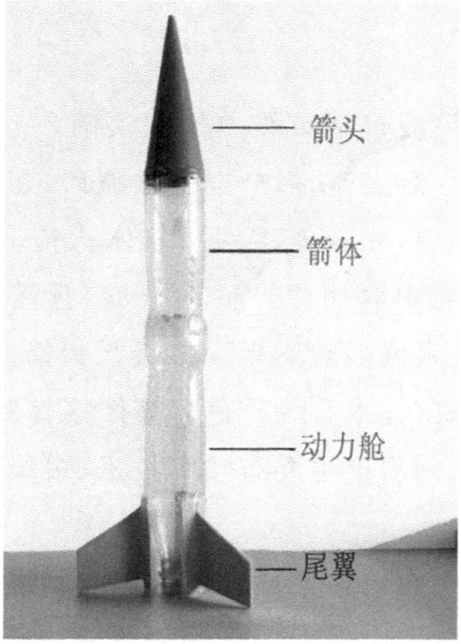

水火箭结构图

因为制作水火箭的材料都可以找到，比如，制作箭头用到的铜版纸，可以使用卖房子的宣传彩页，箭体可以用饮料瓶，尾翼可以用废旧塑料垫板，所有材料都不难找到。自制水火箭不仅能够变废为宝，节能环保，而且能够大大提高活动的普及程度，不失为非常好的科技实践活动。

制作水火箭需要的材料

【水火箭的种类】

水火箭种类众多，一般包括单级单推水火箭（一级火箭、一个推进器喷口）、单级多推水火箭（一级火箭、多个推进器喷口）和多级多推水火箭（多级火箭、多个推进器喷口）等，很少有多级单推水火箭。单级多推水火箭一般为推进器（一个或几个瓶串联而成）“被动分离”且箭体与推进器同时发射，因此虽有推进器抛离效果但一般不视为多级水火箭。多级多推水火箭采用推进器与箭体“主动分离”技术且为推进器箭体接替发射。

水火箭制作的技术创新点主要有喷嘴技术、多级推进技术、主动分离技术和火箭回收技术。

在喷嘴技术方面，国内较为流行的自行车内胎进气口做瓶塞的方法，但由于这种方法无法良好控制发射时间，因此是无法完美实现多推的。目前国外主流技术是使用花园浇灌用喷头加单向阀，采用类似部分洗衣机进水接口的方法制作喷嘴。用滑轮和线向下拉动发射器套环，实现了对发射时间的良好控制。

一般来说，单级多推水火箭涉及推进器和箭体的推力差问题。由于是靠重力自然实现的“被动分离”，因此推进器的推力一定大于箭体推力，以保证水火箭升空时二者推力和最大且为一体。当推进器推力耗尽时，由于重力作用自然脱落，主箭体则继续飞行。这种水火箭的优势是，不涉及复杂的多级分离技术，同时拥有较大的推力，制作较为简单。而要注意的是，箭体喷口直径要小于推进器喷口直径以实现推力差。一般箭体使用降落伞回收技术。

对于多级多推水火箭，这种水火箭体积庞大，高度甚至可超过 2 米，目前已知的最高发射高度是国外水火箭爱好者于 2010 年 10 月 30 日创造的 864 英尺，约合 263 米。虽然这种火箭的发射高度并不是十分高，但由于涉及“错时喷射”技术、“主动分离”技术和箭体及推进器的“分级回收”技术，因而更具有挑战性、更受到水火箭发烧友的青睐。

国外的主动分离技术样式不一，但基本原理一致：利用推进器推力耗尽时的重力和预埋分离器中的弹簧弹力以及分离开始时第二级箭体喷射推力，快速实现一、二级主动分离。推进器部分进入下落阶段打开降落伞、而第二级继续上升直到推力耗尽下落打开第二级降落伞。若有第三级，则依次推进。

单级多推水火箭和多级多推水火箭都可以做得很大，但分辨二者的区别并不难，从外观上即可分辨。单级多推水火箭的推进器喷嘴在一个平面上，因为只有这样才最容易实现同时发射。而多级多推水火箭则不是，其第二级喷嘴一定是和推进器相连的，因为发射开始时第二级是不工作的。所以只要看喷嘴的位置即可分辨。

水火箭虽然是中小学生的科技项目，但其发烧友众多，遍布世界各地，使得水火箭活动项目成为普及面较广的科技实践活动项目之一。

【课堂练习单级单推水火箭的制作】

1. 活动目的。

(1) 面向全体学生，从最简易的水火箭制作练习开始，培养学生的动手能力。

(2) 培养学生对科技实践活动的兴趣。

(3) 培养学生的合作意识。

(4) 为学生今后参加水火箭等科技创新活动打下基础。

2. 材料及工具的准备。

(1) 三个相同的汽水瓶或可乐瓶，要选择表面光滑、曲面过渡自然、无棱角或少棱角、能耐接近一个标准大气压的压力的瓶体，一般选用较厚实的可乐瓶或汽水瓶。

(2) 塑料垫板，可在文具店购买，要买那种质地较硬，有一定弹性的，透明与否都行，不能买那种比较软可以折叠的。

(3) 8 开铜版纸，可以收集商业广告用的比较厚的宣传彩页，大部分房地产宣传单的厚度都可以，一般 160 克以上的铜版纸都能用，太薄的话卷出来的火箭锥头不够坚挺，影响飞行质量。

(4) 双面胶、透明胶、剪刀、美工刀、直尺等。

3. 制作过程。

（1）制作箭体。

① 从三个瓶子中，选择一个质量最好、没有划痕或折痕的瓶子作为做压力舱的瓶子，放在一边，为防止混淆，在这个瓶子上标明记号。

② 从另外两个瓶子中拿出一个，用美工刀小心地去掉瓶口部分和瓶底部分，留下中间的圆筒部分作为粘接尾翼的箭体尾部，把这个圆筒从压力舱瓶子的瓶口套进去，用透明胶布固定。

用透明胶带固定好的瓶子

③ 取最后一个瓶子，用美工刀小心割去瓶底部分，剩下一个没有瓶底的瓶子，把这个瓶子的底部与上面做好的压力舱的底部对接，用透明胶布粘接牢固。

割去瓶底后对接

（2）制作箭头。

① 取 8 开的长方形铜版纸，以长方形一条长边的中点为顶点，把铜版纸卷成两层的圆锥帽，适度减掉不规则的圆锥帽边缘。

② 修剪整齐后将圆锥帽套在箭体上端，比较大小后，修剪掉多余的部分，用透明胶布粘贴牢固。

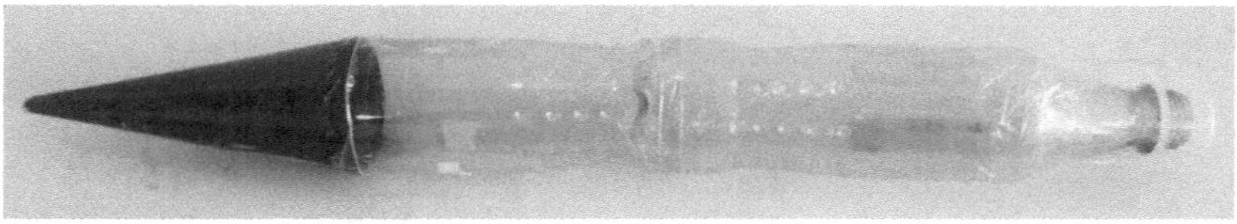

制作箭头

（3）制作尾翼。

① 拿出塑料垫板，按照尺寸规格在垫板上作图，共画 6 个尾翼图案，用剪子小心地沿线剪掉，注意拐弯处和上下的两个爪别剪掉了。

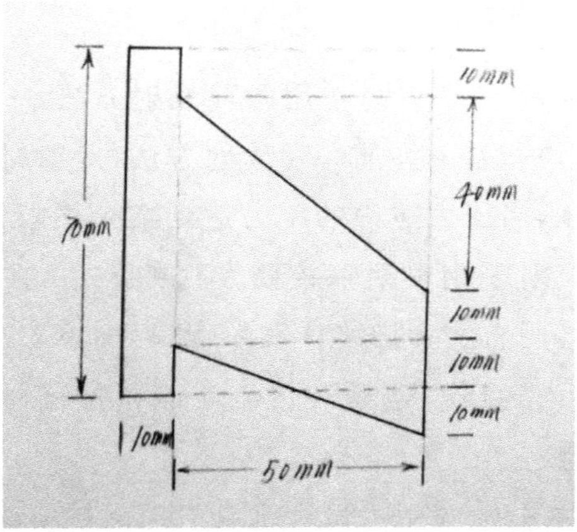

尺寸规格

② 取剪好的两个尾翼片，重合叠放好，用透明胶布把尾翼的上边、下边、外边分别粘住之后，把左边的一厘米宽两片贴条分别向外折叠 90°，共 6 片尾翼片，做 3 个尾翼。

③ 把三个尾翼粘在水火箭压力舱的下端，三个尾翼均分圆周。均分的方法是，剪一条宽 8 厘米、长 20 厘米的纸条，将该纸条沿水火箭压力舱底端卷一周多，用铅笔在纸条上做一个整圆周的记号，用剪刀沿记号剪下，得到与圆周等长的纸条，用铅笔在该纸条三等分的位置划线，用该三等分的纸条作为标尺在水火箭压力舱底端沿三等分处划线，得到三等分的痕迹，沿痕迹处粘贴尾翼，得到水火箭。

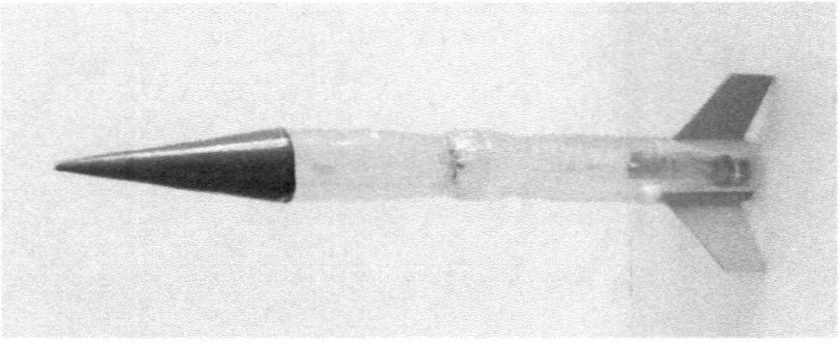

水火箭成品

4. 发射试验,评比优秀作品。

【水火箭的发射方法】

1. 水火箭上发射架。水火箭常用两种发射方法:一种是胶皮塞自动发射,另一种是发射嘴控制发射。前一种发射方法,发射时只需要用打气筒持续给水火箭打气加压,当压力舱内的压力达到某一极限值时,水火箭就会自动脱离发射架飞出。对于用发射嘴控制发射的方法,在水火箭中装入适量的水后,拧上发射嘴,用右手食指堵住发射嘴口,向下安装到发射架上,给水火箭打气,当压力舱内的压力达到一定值后停止打气,按动发射控制器,水火箭脱离发射架飞出。

2. 水量调控。水火箭的用水量和水火箭压力舱空间体积有一定的比例关系,不能太多也不能太少,最佳用水量约为水火箭压力舱容积空间的1/4～2/5 之间,一般取 1/3,可多试验几次,根据实验效果来确定。

3. 发射角度。根据水火箭活动的要求,看是水火箭高度挑战赛还是射程比赛,如果是高度比赛,当然的最佳角度是 90°,如果是射程比赛,发射的最佳角度在 50°～55°之间,不同的水火箭可能因为自身重量、箭体长度、箭身表面的光洁度、尾翼的形状大小和数量等因素的不同而不同,可通过控制变量的方法试验确定。

4. 气塞使用。气塞的使用原理是通过压缩软胶塞体积膨胀来调节气塞的松紧程度,压缩得越厉害体积膨胀就越大,气塞越紧,要把气塞冲出来的气压就越大,即火箭获得的动力越大。具体使用方法如下:首先拆下气塞的气门芯,将气塞塞进水火箭的瓶口内,然后用套筒拧紧气塞的螺丝,最后安装气门芯即可加气使用。

5. 发射稳定调控。我们讨论水火箭在水平方向发射时的情形。先需要制作一个发射台，发射台要配有导航轨道，导航轨道长度要适中，一般在 60 厘米左右为宜。无风天气时，正对目标按最佳发射角度发射。在有风天气，应视风力和风向，多次试验，适当调整与发射目标的方向，找到最佳发射角度。

6. 注意事项。发射时，确保火箭和轨道的平直一致，若偏离 $1^{\circ}\sim2^{\circ}$都会影响飞行的平稳性而呈“8”字形飞行。用气筒打气时，要尽可能平稳，打气频率不要太慢，应快点。要尽可能将气塞塞紧，可通过拧紧气塞的螺丝来调节。气塞塞得越紧瓶内气压越大而火箭的动力就越足，水火箭飞行的高度或距离就越大。

【水火箭活动的问题探究】

1. 水火箭的竖直升高高度与瓶内水位的关系。

水火箭的竖直升高高度与瓶内水位的关系可以通过做实验的方法获得，通过实验得出，当水量为 1/3 时，水火箭飞得最高。由实验结果可以看出：气压与射程成正比。这是因为气压越大，喷水的力量越大，水火箭的冲量越大。水火箭做反冲运动，在发射水量过多时，水火箭中的水未喷完，由于气压减小就停止了加速，增加了水火箭的重量，使水火箭受重力影响而提前坠落了。质量越大，所需提供的动力就越大，当质量一定时，速度越大动量越大。提高速度的方法是提高单位时间内的喷水量。因此，只有当水火箭内的气压与水量适当时，即当气压全部释放后，此时恰好水被全部喷出，达到最佳结合点，水火箭才能飞得更远更高。

在实验中我们发现，若水量大于气压所能喷射的上限，则水火箭中的水不会喷完，要如何避免水喷不完的情形呢？根据 $PV=nRT$，可求出一定气压所能喷出的水量上限。若是水量不够，水火箭中的水就会被较早喷完。根据这一原理，发射时我们先量出能灌进水火箭的最大值，再算出此气压能喷出的最大水量，根据此两数据装水灌气，即可达到水火箭之最大射程。

目前水火箭垂直发射高度世界纪录是由美国的水火箭团队于2007年6月14日创造的，使用X12型单级单推水火箭，高度约为623米。该火箭外形奇特，远看类似一根筷子，由专业团队在进行多次数据采集分析计算后设计而成，外部采用特殊材料制作而成，与传统水火箭制作工艺和理念都有较大差异。

水火箭发射场景

水火箭细节

2. 怎样提高水火箭的稳定性。

水火箭在上升过程中，并不是竖直向上升的，经常会横着或侧着瓶身上升，这就要求我们必须提高它的稳定性，使它竖直上升。提高它的稳定性，就得考虑大气阻力的影响。

首先，水火箭顶部应为尖的，箭头表面光滑，便于减小空气阻力。

其次，瓶体形状应接近流线型，箭体表面光滑，这样便于气流通过时减小空气阻力。

另外，要使水火箭竖直上升，还要在放置的时候使它竖直，固定水火箭发射架的发射方向为90°方向，调整水火箭导向杆，确保水火箭发射前的竖直状态。

3. 发射轨道对射程的影响。

学生可以通过实验探究发射轨道对射程的影响。首先固定水量为600毫升，发射仰角为50°，利用无轨发射架和70厘米长的发射架分别发射水火箭并记录结果及发射情况，比较发射轨道对飞行距离的影响。实验结果显示：有轨及无轨发射在同一冲量下射程没有明显差异，可见有无轨道不是影响射程的主要因素。但在冲量越小时，无轨发射器发射的水火箭容易偏离预定方向，而有轨发射器因为有两个支点，使水柱喷射时不易产生其他方向的分力，因此水火箭能精确地沿直线前进。因此，有轨发射器在准确度上胜于无轨发射器。

4. 箭头重量对水火箭飞行的影响。

学生可以通过实验探究箭头重量对水火箭的影响。首先固定水量为600毫升，发射仰角为50°，使用有轨发射架。箭头内依序放置填充物，质量为30克、40克、50克、60克，比较箭头重量对水火箭运行轨道的影响。

由实验可知：箭头内未加前置填充物的水火箭，因受到尾翼质量的影响，重心明显偏后，这时，因为物体旋转时的中心为重心，所以我们可以把重心G当成支点，则在只受重力的情况下弹头即成一个以G为支点的平衡杠杆。在飞行时，箭头与箭尾将受到相同的风阻影响，但由于力臂不同，所以箭头所产生的力矩大于箭尾，故水火箭会旋转，影响飞行轨道和飞行阻力。所以我们必须放前置填充物，使重心向箭头移动，这样箭头和箭尾所产生的力矩才会相同，达成平衡。但是如果前置填充物放得太重，重心偏前，则又会变成旋转的情形，从而产生相反的效果。所以，由实验的结果得知，填充物重量约为60克时效果最佳,而此时重心正好位于首尾中点。当然,这个配重物的测量数值会根据不同的水火箭而不同。

5. 发射仰角的影响。

学生可以通过实验探究发射仰角对水火箭飞行的影响。固定水量为600毫升,前置填充物重量为60克,使用有轨发射器,分别使用发射仰角45°、55°、65°、75°、85°,通过实验比较发射仰角对水火箭发射距离的影响。

水火箭的斜发与斜抛有关,所以由理论可得发射仰角为45°时,飞行距离最长,但通过发射实验的结果得知:在发射仰角为45°~55°之间时,可以达到最大的射程。当发射仰角太小时,水火箭向上的分力不大,使爬升高度不大,且水火箭由于受地球引力的牵引,更容易落下,造成射程缩短。而当发射仰角太大时,其向上分力虽大,但向前分力太小,导致射程太短,形成“射得高,但射不远”的情形。所以在水火箭的发射角度方面,须考虑向上分力及向前分力应适中以及各种外界因素的影响。

【水火箭活动的创新探究】

1. 在熟悉了水火箭的基本制作后,可以尝试制作大型及多级水火箭的,在材料选择上,可以选用轻质金属,气压来源可以考虑使用空气压力泵。当这样改造时,首先要注意安全,金属材料的切割、焊接、打磨,气压泵的使用都需要规范操作。必要时,需要请专业人员帮助,切记不可在没有掌握使用方法的情况下操作电力设备。

2. 多推水火箭的制作:把几个水火箭绑在一起,由一个进气孔提供气压,同时喷出水柱,可以提高水火箭的飞行能力。通过探讨多推水火箭的原理,探究水火箭实现多推的可能性和技术手段,通过实验研究制作多推水火箭。

3. 多级水火箭的制作:搜索有关长征系列火箭的知识,研究长征系列火箭是怎样实现多级推进的,探究能否利用长征系列火箭的多级推进原理,制作多级水火箭。通过探讨多级水火箭的原理,探究水火箭实现多级推进的可能性和技术手段,实验研究制作多级水火箭。

第八部分　学校五年发展规划理念

心拥幸福　卓立齐鲁

——枣庄市薛城奚仲中学五年发展规划

（2022 年 9 月—2027 年 8 月）

学校名称：枣庄市薛城奚仲中学。

学校类型：普通初级中学。

序言

近几年来，枣庄市薛城奚仲中学无论是在校园建设、学校管理，还是在教育教学改革等方面，都取得了巨大的成就。但是随着社会各项事业的迅猛发展，教育改革的不断深化，区域竞争的日益激烈，人们对优质教育资源的期望值不断提高，使学校的发展又面临一场新的变革和挑战。同时，我校在持续发展过程中也遇到了很多的问题、矛盾和困惑，譬如：学校管理工作如何做到更加科学高效？课堂教学如何更好地遵循以生为本的素质教育要求？教科研工作如何走向校本？青年教师如何快速成长？“三名”（名师、名班主任、名学生）工程如何进一步推进？学校的特色教育品牌如何打造和保持？等等。为了在竞争日趋激烈的环境中求得更好、更快的发展，促进学校整体工作在创新中和谐、可持续地发展，根据学校现状和发展趋势，在认真调查研究和充分听取全校师生、社会各界代表的意见和建议基础上，特制定枣庄市薛城奚仲中学 2022—2027 年学校五年发展规划。

一、学校现状分析

（一）优势分析

1．学校位于薛城城区，地理位置优越，交通方便。

2．多年来教育教学成绩突出，在本地区享有较高声誉，毕业生以“升入高一级学校后潜力巨大”的特色得到社会广泛认可。

3．师资队伍结构比较合理，有一大批年富力强、经验丰富、能够胜任教育教学各个岗位、起到承上启下作用的中青年教师，有多位德高望重、关心学校的发展和帮助中青年教师进步、对学校优良传统的传承起着积极推动作用的老教师。

4．学校校园面积小，便于管理。

5．学校有良好的食宿条件，有能力接纳一定数量的住校学生。

6．学校领导班子团结协作、办学思想端正、教改思路清晰、工作求真务实、富有创新精神。

7．党支部的核心作用得到体现，党员队伍不断壮大，是教育教学工作中的中坚力量。

8．学校管理规范有序，已初步形成良好的校风、教风、学风和办学特色，为学校的可持续发展营造了和谐的校园氛围。

9．在全区初中高效课堂课改推广过程中已取得初步经验，是鲁南地区唯一的“全国讲学稿研究基地”。

10．学校的艺术教育已经成为我校乃至全区的一面旗帜。

11．广大学生家长重视子女教育，支持学校工作，学校即将成立家长学校，在此基础上学校在家教方法上给予指导，真正实现学校、家庭、社会三位一体的全方位教育格局。

12．正确的办学思想和科学的办学理念。学校坚持“教育是实践、教育是创新、教育是服务”的理念，以促进学生的可持续发展为出发点，致力于培养理想远大、品德高尚、全面发展、学有所长、具有创新精神和实践能力的优秀人才。

13．全省教育债务的化解更为学校的发展提供了良好的经费保障。

14. 创新特色教育为学生的持续发展提供了源源不断的动力。

（二）问题分析

1. 学校占地面积小，学校的硬件设施不齐全。操场标准不够，实验室、语音室、多媒体教室、会议室及各种专用教室不够。由于历史原因，教学设备及教师办公条件相对落后等，使学校发展的后劲不足。

2. 生源发生了较大的变化，在多种因素影响下，近两年来学校生源质量有所下降。学生综合素质与学校地位不相匹配。学校宣传力度不够，吸引优质生源迫在眉睫。

3. 师资培训有待进一步加强。近几年入校教师人数集中，新教师教学水平亟须提高；学校教师教育观念及教学方法与先进学校相比，有差距，需改进。

4. 学校管理制度有待进一步完善和修订，"人尽其用、各尽所能、主动工作、优劳优得"的引导、制约、激励效应较低。仍存在个别人员责任心不强、工作积极性不高的现象。学校的考核制度、奖励制度等有待完善。

5. 学校校园文化及校本课程开发与省级教学示范学校的要求有差距。学校传统文化的梳理和传承亟须加强，部分教师终身学习意识薄弱，敬业精神、进取精神不强，教育理念与教学方法陈旧，缺乏危机感和竞争意识。

6. 社会、家庭、学校"三位一体"的教育网络不够健全，学生社会实践及社区服务等实践课比较缺乏。心理教育不够系统与规范。"全员德育"机制和德育实效性研究有待进一步落到实处。

7. 课堂教学模式需进一步创新，现代教育手段需进一步普及。教研组建设仍需进一步加强。

8. 教师对教育理念的学习已有共识，但具体的实施还欠缺。迫切需要培养一批高素质、有影响力的名师和学科带头人。

9. 艺术教育虽然已成为我校的一面旗帜，但面对兄弟学校的追赶和社会对学校的要求，就如何做大做强艺术教育还有许多工作要做。

10. 属新更名学校，社会不了解，家长不熟悉，这就要求我们更加注重内强素质、外塑形象，比其他学校付出更大的努力，倾心打造奚仲名校品牌。

11. 学科与学科之间师资队伍的专业水平、执教能力发展不够平衡，骨干教师的数量还不能满足教学工作的需要，对教育质量的持续稳定提高有影响。

12. 目前学校出现生源素质多元化、家庭背景复杂化的特点，如何根据学生的个性发展需求和家庭教育实际开展有针对性的教育、帮助和指导，需进一步探索。

二、指导思想与办学目标

（一）指导思想

以党的二十大精神为指导，以先进思想为核心，提升全体教师的教育素质水平；以人文管理为方式，依法规范教学工作秩序；以优异的教育教学质量为前提，确保学校的社会声誉；坚持科学管理，注重改革创新，对学校的工作与发展进行五年规划。坚持不求做大，只求作精，提升内涵，打造精品学校，实现学校的可持续发展。进一步凸显学校“引导、促进教师实现专业化成长，教育、培养学生成为创新型人才”的两大功能。创建和谐型校园、学习型校园、科研型校园、创新型校园。争取成为鲁南地区省级示范学校中的“精品名校”。

（二）办学目标：办人民满意的精品学校

人民满意：教育应该为人民服务。办人民满意的教育以素质教育为基础，关注民众对教育的需求，立足学校实际，放眼社会需求，在夯实育人成绩的基础之上，努力从学校各个方面着手提升教育教学品质，以创新思想为契机，让学生成才，让家长放心，让社会满意。

精品学校：精品学校是全校师生的不懈追求，强调教育质量和教育品位的提升，这个目标来自教育崇高的使命感和对自身实力的信心。学校拥有高素质的教师队伍、高标准的教育教学设施、领先的教育教学理念，致力于让教师成功、让学生成才。

1. 学校发展目标：特色化、优质化、精品化。

随着社会的发展与需求的变化，千篇一律式的学校模式已越来越不适应时代的要求和人民的期望，因此，切合实际地办一所具有自己特色的学校，是学校可持续发展的关键之一。我校清醒地意识到了这一点，因此在课程改革中，以“导学案”为载体，在全区率先迈出了坚定的一步，经过不懈的实践与探索，在新课程改革的推广中取得了一定的成效，教学质量进一步提高，教学模式已初具特色。社会要求我们办优质化教育，优质化教育也必然会促进教师队伍素质的不断提高，虽然不能要求人人都成为精品，但没有优质的教育就无从谈精品。

2. 学生培养目标：厚积薄发、励志有为的现代中学生。

厚积薄发：厚积，指大量地、充分地积蓄；薄发，指慢慢地释放。在此，强调学生对知识和能量的日积月累，既要有合理的知识结构与储备，有较强的思维能力和创造能力；又要具备足够的理性，以及较强的适应能力和心理承受能力，并在时机成熟之时，淋漓尽致地展示自我。

励志有为：励志，即磨砺意志，这是学生成人、成才的必要条件；有为，即有所作为，实现人生价值。这就要求学生既要具备远大的志向，又要有坚韧的进取精神，进而为早日有所作为提供可靠保障。

现代中学生：学校致力于培养具有现代特质的中学生。能做到勇于接受新知识、适应新环境、迎接新挑战，具备创新能力和可持续发展能力，以完善的人格和丰厚的学识自信面对未来。

3. 教师发展目标：求是与求真、知心与爱心。

所谓“求是”，不仅限为埋头读书。求是的路径，《中庸》说得最好，就是“博学之，审问之，慎思之，明辨之，笃行之”。单是博学、审问还不够，必须深思熟虑，自出心裁，独具慧眼，来研究教育、研究学问、研究是非得失。教育，育人为先，“求真”不仅要有探究、追求真理的精神，也要教人做“真人”。

“知心与爱心”较具人文性。“知心”就是要求教师了解学生，这样才能更有针对性地施以“爱心”。所谓浇树要浇根、交友要交心，就是这个道理。

三、五年发展规划

以全面推进五年发展规划目标的实现为行动纲领，继续坚持以校本评价为检测、调节、保障机制，在学校的一切工作层面按现代教育发展需求不断拓展学校发展内涵，实现发展目标。

（一）学校管理工作

1. 目标。

坚持依法办校、以德立校、廉政勤政，形成机构设置合理、体现民主管理、运行高效、依法自主规划、自主发展的现代管理体制和人文环境。

2. 措施。

（1）发挥党支部政治核心、工会民主监督作用，坚持校长办公会决策制度和校务公开制度。继续修订健全完善学校规章制度，坚持实施校本评价，规范操作，加强过程管理。

（2）抓好学校干部队伍自身建设，全面推行“承包式”管理，实行中层干部聘任制、层级负责制、权职责任制及全员岗位职责制。

（3）继续深化学校内部管理体制改革及结构工资制度改革，完善学校内部人事管理制度。

（4）充实完善校本教育教学资源库，实现课堂教学手段现代化、办公无纸化。

3. 目标达成标志。

（1）形成符合科学发展观的现代学校管理体系，依法治校程序规范，管理效能政通人和。通过有关部门考核验收，教师、家长、学生、社会评价满意度高（社会问卷调查）。

（2）能严格规范执行“校长负责制”，干部队伍廉政勤政和履职能力、威信提高，得到教职工的认可（教代会测评）。

（3）形成重实绩、重贡献、重能力和“三个不一样”（干与不干不一样，干多干少不一样，干好干坏不一样）的分配激励机制。

（4）在现有基础上形成一个师生共享的校园教学资源库群（如教案、课件、图书等）和一条与外界相通的网络链路（自己的公网域名），实现校园数字化全覆盖。

（二）教师队伍建设

1. 目标。

利用五年的时间对教师进行全面培训，提升我校教师的整体素质和学校的办学水平，建立一支师德高尚、敬业务实、具有现代先进教育教学理念和适应基础教育改革并能形成自己的独特的教育教学风格的教师队伍。

2. 措施。

(1) 认真贯彻执行《中小学教师职业道德规范》，以“敬业爱生”为主题，有计划、有目的、有针对性地开展师德建设活动和德育能力的培训。

(2) 将区域培训与校本培训相结合，开展以学科工作室项目研究的师训课程为载体的校本培训和校本研修活动。进一步加强信息技术应用培训，提高教师个人信息素养。

(3) 制订新一轮教师个人发展规划，形成教师自我发展机制。

(4) 加大对中青年教师培训的力度，坚持实行学科带教和班主任带教的校本带教制度，包括聘请友好学校专家带教。

(5) 建立专家(教研员)团队学科教学指导机制，形成教师个人、教研组和学校和谐互补共同发展的格局。

(6) 结合师训要求，制定完善的师训管理制度及校本培训运行机制。积极开展校本培训、学历进修、职务培训、教师学习型组织活动。

(7) 建立学校培训领导组织，健全教师培训制度。

(8) 树立终身教育、终身学习理念。

(9) 建立督导评估和激励机制。建立教师培训个人档案和新信息资料库，对培训对象的职业道德、业务素质、科研能力和教育教学实绩等进行考核，并做到培训、考核、使用和待遇相结合。积极创造条件，鼓励骨干教师不断充实和超越自我，了解教改前沿信息。

3. 目标达成标志。

(1) 形成一支教育系统业务部门、家长、社区认同的师德高尚、敬业务实、具有现代教育先进教学理念的专业化队伍(区教育局业务部门评价及社会问卷调查)。

(2) 形成学校多元化、多渠道的校本师训机制(结集出版校本培训资料)。

(3) 教师应用现代教育技术的能力、个人信息素养有提高，能适应未来教育教学发展要求的教师达到98%及以上，课堂教学满意率提高到95%以上(通过学生、家长问卷、座谈会等形式进行调研)。

(4) 95%以上的教师能在各级教学评优、课题研究、文章发表等方面有成果(获奖、评优、校本教材编写、论文、科研成果等)。

(5) 至2027年教师本科学历比例达到100%,其中研究生课程毕、结业或在读比例达到5%。高级教师比例上升为25%;一级教师的比例达50%及以上。

(三) 德育工作

学校德育工作以《新时代公民道德建设实施纲要》为指导,以新《中学生日常行为范》《中小学生守则》为标准对学生进行“规范行为,学会做人”教育,促进良好的校风的进一步形成。

1. 目标。

在“同心共进、唯先必争”的校园精神的引领下,以“仰贤明德、行健日新”的校训为教育切入点,进一步深化和创新本校德育特色,努力把学生培养成为“厚积薄发、励志有为的现代中学生”。

2. 措施。

(1) 教师队伍德育能力培养。

① 建立和完善教师德育能力校本培训工作制度,形成全员德育机制,以“班主任节”为契机,进一步开展班主任校本系列课程培训。

② 创建班主任工作室,制定工作室活动制度,开展研讨活动,探索育人方法,发挥领衔作用。完善班主任带教制度并扎实开展带教活动。

③ 创新班主任论坛活动方式,把推广经验与创新工作思路相结合。

④ 采取措施加大心理健康教师的培训力度。

⑤ 健全完善班主任工作考评细则,从物质、精神等方面给班主任予以政策上的倾斜,积极调动班主任工作的积极性。

⑥ 学科育人。要高度重视学科德育,引导教师提高教书育人的自觉性。要充分挖掘学科中的思想道德内涵,结合学科教学对学生进行思想道德教育,克服单纯传授知识、忽视思想教育的现象。要逐步把学科教师德育工作情况纳入教师考核体系。

(2) 学生行为规范教育。

① 继续开展“早晨两分钟教育”“校班会专题教育”“班主任主题教育”等教育方式，在教育中以学生发展为本，讲究方式方法，注重教育实效。

② 深化“星级班评比”制度，修改量化指标使之更为人性化，体现评价调节反馈的激励作用和发展性作用。

③ 进一步完善“德育分层教育”，每个年级在确定相关主题活动的基础上，明确各自的发展目标和教育内容以及达成的评价标准。

④ 研究和制定《薛城奚仲中学学生行为规范素养评价指标体系》，建立学生行为规范测评常规机制。

⑤ 加强住宿生管理，开展文明宿舍的评比活动。

⑥ 规范“升国旗仪式”。

⑦ 以“三义”(爱国主义、社会主义、集体主义)、“三观”(世界观、人生观、价值观)、“三德”(思想品德、社会主义道德、社会公德)教育为重点。把弘扬和培育以爱国主义为核心的民族精神作为思想道德教育的重要内容，充分利用重大节日、重要事件和重要人物纪念日，结合当地的文化、历史名人、革命传统等教育，开展系列活动。要积极与语文组配合开展爱国主义征文比赛，引导学生的爱国行为。

⑧ 通过评比各级“三好学生”“优干”“双十佳学生”，调动学生的积极性，强化榜样力量，激活学生积极向上的内驱力，促进精神文明建设。

(3) 加强校园环境卫生管理，优化育人环境。

① 继续落实教室、卫生区每天两小扫，每周一大扫制度。

② 加强卫生保洁的管理。教育学生养成良好的卫生习惯，不乱扔纸屑、垃圾，不乱吐痰；要进一步严明纪律，从严治理。

③ 完善卫生评比制度，增加检查透明度，扣分原因及时上墙公布。

(4) 加强校园治安综合管理，创建文明安全学校。

继续深入开展青少年学生的普法教育活动，进一步提高法律教育的实效性，预防和减少未成年人犯罪。配合有关部门搞好校园治安综合治理工作，进一步净化校园周边环境。开展以消防、交通、游泳、饮食为重点的学校安全教育工作，加大学生安全疏散演练力度。班主任要做到100%与学生家长访谈(家访可以采取多种办法)并与家长签订为期一年的“安全协议书”。

（5）坚持开放办学，发挥“三位一体”教育功能。

① 通过现代化的信息手段加强与家长的沟通和联系；开展寄发“表扬函”活动，激发家长的教育热情，收集更多的家庭教育经验；通过形式多样的家长学校教育，提升家长德育能力，争创市级优秀家长学校。

② 发挥学校为社会服务的作用，加大对困难学生群体的扶持力度，建立健全家庭经济困难学生资助体系。

③ 拓展更多的社会教育资源，为学生提供丰富的社会实践活动和主题教育活动，完善学校、家庭、社会“三位一体”的德育工作格局。

（6）其他创新德育措施。

以法治教育和心理健康教育为保障。根据学生年龄特点，有针对性地加强法治教育，通过举办法律讲座、案例分析、法律知识竞赛等形式，不断增强学生的法治意识，逐步建立完善青少年学生行为失范预警机制，积极与公、检、法等部门密切配合，构筑预防青少年违法犯罪行为发生的坚实防线。要建立并使用好心理咨询室，开展经常性心理辅导咨询活动，举办心理健康教育讲座，开通心理咨询信箱、咨询热线，为学生个人和团体提供辅导咨询服务，了解学生心理状况，排除学生心理障碍，引导学生做好心理调节。逐步建立完善学生心理健康状况监测分析制度。

① 进一步深化和创新法治教育，更多地走进社区，拓宽法治教育的影响面和辐射面，彰显学校德育特色。对我校特殊学生的教育管理建立“预警管理系统”，形成班、校、社会三级预警转化教育的工作网络和运行机制。

② 学生校级自主管理会和班级自主管理会组织齐全、制度完善，在教师的指导下能独立地开展工作，提升学生实践管理能力，初步形成自主教育体系。

③ 加大青春期教育力度，丰富学校心理健康教育的形式，形成立体的人性化的引导和教育形式。

④ 发挥团队工作功能，促进团队工作扎实有效开展。

⑤ 结合时事热点和学生身心特点，创新开展民族精神教育和生命教育主题活动。

⑥ 以“感恩教育”为引领，开展德育实效性研究，创建“温馨教室”“和谐校园”。

⑦ 网络育人。利用校园网络，建立德育网页，开展网上教育活动，同时要重视网络污染、网络犯罪等消极因素产生的负面影响，主动联系有关部门积极实施“绿网工程”，加强网吧管理，趋利避害、疏堵结合，开展网络文明教育，重视对学生明辨是非、自我约束、拒绝网上不良内容等的教育。

3. 目标达成标志。

(1) 形成一支在学校德育工作中发挥带头作用的骨干班主任队伍。

(2) 班主任队伍的德育能力得到家长、社区认同(调查问卷)。

(3) 完成学校课题“初中生感恩教育实效性研究”结题报告，汇编案例集。

(4) 制定《奚仲中学学生行为规范素养评价指标体系》。

(5) 争创市级行为规范示范校的荣誉称号。

(6) 争创“枣庄市优秀家长学校”。

(7) 团队工作考核为 A 类。

(8) 要求宿管人员做到“严格管理，正确引导”，既要严格要求，又要做好学生的思想教育工作。

(9) 培训好管乐队和护旗手，要求全体学生服装整齐，神情庄严，班主任须到场以自身对国旗的尊重给学生做表率；要发挥“国旗下讲话”的特殊教育功能，结合实例，开展生动的爱国主义教育，增强学生的爱国意识。

(10) 建立家长委员会，通过家长学校、家长接待日、家长会、家访等方式开展家校互动活动，帮助家长树立正确的教育思想，普及科学的家庭教育知识，改进教育方法，提高家庭教育水平。

(11) 全面落实新课程标准，构建一个有层次、多渠道、全方位的德育课程体系。

(12) 开辟一批德育基地，逐步建立由“爱国主义教育基地、青少年活动中心、社会实践基地、校内德育阵地”四大板块组成的德育基地网络。

(13) 建设四支德育工作队伍：以校长室、德育管理部门组成的管理队伍，以班主任和学科教师为主体的教师队伍，以学生会干部为主要力量的学生队伍，以社区教育委员会为核心的校外辅导队伍。启动“德育名师”工程。

（四）教学工作

1. 目标。

贯彻新课改精神，落实新课程标准，形成适应学生全面发展的由国家课程、地方课程、校本课程组成的新课程体系；切实加强课程执行力，优化课堂教学，致力于教师教学方式、学生学习方式的改变，全面提高教学质量；创新语文美文诵读周、数学节、英语沙龙、各学科“两纲”教育系列活动；推进校本研修，形成教研机制。

2. 措施。

（1）推进层级承包负责制。

加强新课改工作的领导，贯彻市、区新课改工作要求，实施学校的新课改工作计划，全面落实学校新课程体系的实施。

（2）学科建设工作负责制。

加强教研组长、备课组长队伍培训，提升教研组长的责任意识，强化组长职责及作用，引领教研组开展校本研修活动，促进教师专业发展，开展学校学科教学品牌特色创建等活动。

（3）教学实践研训一体制。

邀请专家指导，强化理念引领，反思经验，比较差距，转变教学行为，切实加强课程执行力。组建教师学习共同体，建构形成校本研修运作机制，加强学习新课改课程方案，贯彻落实新课程标准，围绕课改开展校内外课堂教学观摩交流活动。继续创新校本学科工作室工作机制。定期举行学校教育教学研讨活动。

（4）严格执行《山东省普通中小学课程实施水平评价方案》，规范设置课程课时。

按课程课时规定及要求开设基础性课程，着眼于学生基本素质的发展。尽可能多地开设适应学生个性发展的拓展性课程，形成探究型课程系列，满足不同层次学生发展的需要。

（5）加强教学工作校本评价机制建设。

健全完善校本教学调研评价机制。以教研组评价等级制促进教研组建设。完善奚仲中学教学及课件评优制。拓展教学质量过程管理的调节反馈作用。

(6) 实施班级小组个性关注教学策略，着力打造高效课堂，形成学校教学工作新“三清”运作机制。

加强职业意识教育，使广大教师树立“差生也能教好”的坚定信念。全面落实“新三清”工作机制，即促进形成“课标清、环节清、测评清”的“教三清”教研机制和推进形成“内容清、概念清、训练清”的“学三清”学习机制，从而达到“堂堂清、日日清、周周清、月月清”的学习效果。

(7) 六条基本要求。

① 微笑进课堂：教师上课要始终面带微笑，经常使用表扬鼓励性语言，创设良好的教学氛围。

② 平等对待每一个学生：面向全体，分层教学，使每个学生都能得到尊重与提高。

③ 提倡学生标新立异：教师要学会欣赏学生的不同意见，鼓励学生多提问、善质疑，提出自己的独到见解，培养学生的创新精神。

④ 及时调节教学程序：根据教学过程中的变化，及时调节教学程序节奏和方法，不受教案内容的制约。

⑤ 采用探究性教学方法：以诱思探究教学法为主，采用多种方法诱导学生自主探究学习。要重视讲授知识、方法的形成过程，设法使学生参与研究讨论，并及时归纳，提炼升华，培养学生的学习能力和实践能力。

⑥ 重视多媒体教学：尽可能地多使用多媒体进行教学，使学生五官并用，提高课堂教学效率，向教学手段现代化要质量。

(8) 定期开展学生评教活动，学生评教结果纳入教师年度考核体系。

3. 目标达成标志。

(1) 能严格执行新课改课程方案，形成符合新课改精神的新课程体系。

(2) 贯彻现代教学理念并转化为教学行动有成效(努力达到随堂课听课优良率 90%)。

(3) 课堂教学效果学生满意率高(问卷调查)。

（4）教学质量持续稳定发展（期中、期末学业水平测试，以及中考合格率、优秀率持续稳定提高）。

（5）校本研修形成制度并有成果，学科创新活动“语文美文诵读周、数学节、英语沙龙、各学科两纲教育系列活动”形成特色。

（6）形成我校教学工作新“三清”运作机制。

（7）为一线教师配齐笔记本电脑，实现教师备课数字化。实现教学资源库、信息资料共享，教学质量管理数字化。

（8）教师参与各级示范课、优质课评比获奖比例保持全区第一。

（9）承办两次以上区级及以上教改现场会。

（五）教科研工作

1. 目标。

强化国家、省、市、区、校各级课题实施的过程管理与结题管理，把进一步提高科研课题的质量和成果推广作为推进科研现代化的主要工作目标，发挥教科研对推进学校教育现代化建设及促进教师专业成长的先导性作用。

（1）使全校教师进一步解放思想，转变教育观念。人人明确教科研是改革和发展教育的先导，是推进素质教育、改进课堂教学、提高教育水平的助推剂。牢固树立教科研的“优先、服务、育人、竞争、质量”等观念，把思想行动统一到素质教育上来。

（2）培养一支学者型、科研型的教师队伍，推动素质教育的深层实施和素质教育质量的大面积提高。

（3）加强校本课程建设，强化校本研究，体现学校办学特色。

2. 措施。

（1）进一步修订和完善教科研管理制度和课题管理条例，建构稳定运行的教科研运行机制系列，并在此基础上对科研活动有所创新有所发展。

（2）以校本研修与内部研讨为主、外出取经的办法为辅，采用多种方法对教师进行现代化教育教学理念、教科研理论及科研方法的培训与指导，提高教职工科研理论水平及论文和结题报告的撰写能力，全面提升我校教科研课题研究过程与论文（含结题报告）的质量。

(3) 加强教科研队伍建设，进一步健全完善教科研网络。充分发挥教科研先进教研组和先进个人的榜样示范和辐射作用，充分发挥各级骨干教师的带动作用，落实责任，全面推动教科研工作的深入开展和不断创新。

(4) 切实加强对各级课题研究实施的过程管理，不断提高科研成果的转化应用率，筛选一批与学校教育教学现代化密切相关的课题成果加以推广，在实践中加以完善和创新发展。

(5) 提高学校教科研报刊的办报质量；办好校园网“教师科研天地”栏目。

(6) 合理配置使用科研经费，加强对重点课题的经费投入。

(7) 通过继续教育普及教育理论和教育科研知识，认真学习国内外课程改革的历史经验，结合学校原有的课程基础进行整合，强化优势，防止出现片面化，提高教师参与教科研工作的主动性和积极性。

(8) 成立与核心实验项目相配套的系列子课题工作组，由分管校长挂帅，教科处配合协调、管理，做到分工到位、合作创新，负责对实验项目及各子课题的策划设计和组织实施。

(9) 对教科研成果定期进行考核、鉴定、评选，对成果突出的教师进行表彰奖励，逐步加大对教科研工作的考核力度。

3. 目标达成标志。

(1) 形成以数字化为特征的现代科研管理模式，科研档案健全，管理人员年轻化。

(2) 教科研工作普及，教师科研水平有一定提升，实现向科研骨干队伍年轻化的转化。

(3) 教科研成果数量、质量提高，争取能在各级科研活动中或各级刊物和场合获奖或发表。

(4) 形成学校新的龙头课题，并立项为区级课题。

(5) 有科研成果推广并对学校教育教学工作起到推动促进作用。

(6) 校园科研报在推进学校教育现代化方面发挥作用，在薛城教育中更具知名度。

(7) 校园网上“教师科研天地”栏目内容充实，更新及时。

(8) 力争获得“枣庄市教育系统教科研先进单位”的称号。

(六) 科技艺术教育

1. 目标。

提高学生科学素养与动手能力，使学生具有高雅的艺术素养和个性化的技能，发展区级科技教育示范点，争取区科普活动示范校荣誉称号并争创枣庄市绿色学校。

2. 措施。

(1) 加强组织落实，科技艺术各项工作达标。

(2) 创新学校科技艺术教育的内涵，继续实施“坚持普及性、倡导综合性、追求长效性”的科技艺术教育策略，加强艺术教育“三团一队”建设，坚持科技艺术普及教育和专项人才培养相结合的方向。

(3) 严格执行课程设置标准，坚持以音乐、美术、实践、劳技、环保等普及性的课堂教育为主阵地，坚持实施传承民族传统艺术的教学；开设符合学生个性发展的、多种形式的科技艺术类探究型课程，切实提高探究型课程的教学质量。

(4) 加强科普阵地设施建设(如橱窗、展示室、校园广播等)，凸现“墙上文化”和教学楼的“走廊文化”的宣传功能，加强校园广播栏目的科技艺术教育宣传，每学年举办一次科技节、艺术节活动。

(5) 继续加强航模、船模等重点小组的建设；争创机器人制作、应用化学等新的特色小组。

3. 目标达成标志。

(1) 争创市科技教育特色学校、市科普活动示范校等。

(2) 争创枣庄市星级绿色学校。

(3) 保持市科技教育示范项目。

(4) 在各级各类科技艺术竞赛中能获奖。

(5) 每个学生能掌握一门乐器演奏的技能。

(6) 艺术教育团队(合唱团、舞蹈队、书画苑)建设有成效，1～2 个团队能通过区教育局验收。

（七）体育卫生工作

1. 目标。

认真贯彻执行《学校体育工作条例》和《学校卫生工作条例》，提高师生身心素质，保持枣庄市食堂卫生示范校荣誉称号。

2. 措施。

（1）加强体育教学和卫生工作的科研，加强体育教学研究，提高教学质量，加大贯彻执行《学校体育工作条例》和《学校卫生工作条例》的力度。

（2）重视教学区、运动区中间围栏分割造成体育课及广播操进退场的学生安全隐患等不利因素，加强执行人员进出管理制度和道路车辆通行安全管理制度。

（3）高质量、高水平地开好学校小型运动会，筹备组建专项运动队，积极组织参加各级体育竞赛。

（4）加强卫生健康知识的宣传教育，加强对食堂卫生、食品安全的监督，认真做好“六病”防治检查工作，教育学生形成良好的卫生行为习惯。

（5）完善学校体育卫生工作档案。

（6）创建新一轮“健康校园”，保持“山东省食堂管理A级单位”荣誉称号。

3. 目标达成标志。

（1）保持学生素质测试、体育锻炼达标率均达到区平均标准及以上。

（2）积极参加各级各类体育竞赛并力争获奖。

（3）专项运动队建设有成效。

（4）“六病”防治工作力争各项指标达标，无食堂卫生、食品安全责任事故。

（5）保持“枣庄市食堂卫生示范校”荣誉称号，保持“山东省食堂管理A级单位”称号。

（6）承办两次区级及以上食品卫生安全管理现场会。

（八）总务工作

1. 目标。

以“育人爱为源、创新人为本”为服务理念，确保管理制度健全完善，设施设备运转正常，校园环境绿化美化净化，后勤服务保障有力。

2. 措施。

（1）继续修改完善各项后勤管理制度，加强岗位责任制的落实，加强专业能力培训，为教育教学第一线提供高质量服务。

（2）加强对校舍、场地、实验室、食堂等教学设施设备的科学合理、规范使用的过程管理，加强维护、保养、报修的常规管理。

（3）加强校园道路通行安全管理，教学区、运动区人员进出管理，以及机房、配电间等校园安全技防、人防工作的管理。

（4）加强绿色校园的美化、净化和环境卫生建设工作，培养和教育学生形成良好的环保意识。从学校一景一物的添设、一草一木的栽培到学校的整体建设布局都要体现教育性原则。

（5）严格执行财务制度、收费制度。严格执行财产保管制度，规范领用制度和报废审批制度的过程管理。

（6）创建健康向上的餐厅文化和宿舍文化。注重餐厅内的环境布置和宿舍内的文化氛围的构建。

3. 目标达成标志。

（1）总务工作管理制度完善，工作务实到位，高质量的服务、保障被认可（考核与教师问卷调查）。

（2）财务、财保工作通过上级部门的考核、审计、验收（上级部门评估）。

（3）校舍、校园、教育教学设施设备完好率达100％，校园内增加更多的名人名言警示牌（语）、学生书画作品展示等。

（4）校园绿化率达到枣庄市绿化单位标准，通过枣庄市绿色学校验收。

（5）校园环境质量令师生、家长、社区满意（问卷调查）。

四、五年规划实施的保障措施与评价方式

1. 成立学校发展规划实施领导小组，进行任务分解，层层签订目标责任书。领导小组成员是条块负责人，全体师生共同参与实施。

2. 每一学年学校先进行自评，然后接受市、局领导和有关专家、社区领导、家长代表、教代会对实施发展规划的督导评估，学校再根据自评和他评

结果，进行调整改进，并确定下一年具体实施的工作重点。

3. 每学期开学前要求各部门对发展规划作具体研究，提出阶段工作计划；期末做出小结，根据发展要求和上级的发展政策的出台及时进行调整，落实到位。

4. 发展规划的控制与反馈，要面向全体师生，与教师和学生的发展性评价相结合，使反馈结果得到有效调控，确保发展规划的实施。

附：五年发展规划目标分解表

通过五年努力，把学校办成一所全市领先、省内外有较大影响力、有品位、有特色和有活力的示范学校。

按计划分三个阶段实施落实。

附表1：奚仲中学管理工作五年发展规划目标分解表

奚仲中学管理工作五年发展规划目标分解表见附表1。

附表1　奚仲中学管理工作五年发展规划目标分解表

发展项目	第一阶段发展目标 (2022.09—2024.08)	第二阶段发展目标 (2024.09—2026.08)	第三阶段发展目标 (2026.09—2027.08)
管理工作	1. 坚持依法办校、以德立校、廉政勤政。发挥党支部政治核心、工会民主监督作用，坚持校务会议决策制度和校务公开制度。 2. 继续修订健全完善学校规章制度，坚持实施校本评价，规范操作，加强过程管理。 3. 抓好干部队伍自身建设，全面推行“承包式”管理，实行中层干部聘任制、层级负责制、权职责任制及全员岗位职责制	1. 完善重实绩、重贡献、重能力和“三个不一样”的分配激励机制。 2. 继续深化学校内部管理体制改革及结构工资制度改革，完善学校内部人事管理制度，执行全员聘用合同制。 3. 确保“数字校园”建设经费投入，实现学校数字化全覆盖。充实完善校本教育教学资源库，实现课堂教学数字化、办公无纸化	1. 严格规范执行“校长负责制”，干部队伍廉政勤政和履职能力、威信提高，得到教职工的认可(教代会测评)。 2. 形成符合科学发展观的现代学校管理体系，依法治校程序规范，管理效能政通人和。有关部门考核验收，教师、家长、社区评价满意度高(社会问卷调查)。 3. 形成一个师生共享的校园教学资源库群(如教案、课件、图书等)和一条与外界相通的网络链路(自己的公网域名)，实现校园数字化全覆盖

附表 2:奚仲中学教师队伍建设五年发展规划目标分解表

奚仲中学教师队伍建设五年发展规划目标分解表见附表 2。

附表 2　奚仲中学教师队伍建设五年发展规划目标分解表

发展项目	第一阶段发展目标 (2022.09—2024.08)	第二阶段发展目标 (2024.09—2026.08)	第三阶段发展目标 (2026.09—2027.08)
师资队伍	1. 贯彻执行《中小学教师职业道德规范》,以“敬业爱生”为主题,有计划、有目的、有针对性地开展师德建设活动和德育能力培训。 2. 将区域培训与校本培训相结合,开展以学科工作室项目研究的师训课程为载体的校本培训和校本研修活动。 3. 制订新一轮教师个人发展规划,形成教师自我发展机制。 4. 加大对中青年教师培训的力度,实行学科带教和班主任带教的校本带教制度,包括聘请校外专家带教	1. 建立专家(教研员)团队学科教学指导机制,形成教师个人、教研组和学校和谐互补共同发展的格局。 2. 结合师训要求,制定完善的师训管理制度及校本培训运行机制。积极开展校本培训、学历进修、职务培训、教师学习型组织活动。 3. 形成学校多元化、多渠道的校本师训机制(校本培训资料)。 4. 教师应用现代教育技术的能力、个人信息素养有提高,能适应未来教育教学发展要求的教师达到98%及以上,课堂教学满意率提高到95 % 以上(通过学生、家长问卷、座谈会等形式进行调研)	1. 95%以上的教师能在各级教学评优、课题研究、文章发表等方面有成果(获奖、评优、校本教材编写、论文、科研成果等)。 2. 至 2027 年教师本科学历比例达到100%及以上,其中研究生课程毕、结业或在读比例达到 5%。高级教师比例上升为 25%;一级教师的比例达 50%及以上。 3. 形成一支教育系统业务部门、家长、社区认同的师德高尚、敬业务实、具有现代教育先进教学理念的专业化队伍(区教育局业务部门评价及社会问卷调查)

附表3:奚仲中学德育工作五年发展规划目标分解表

奚仲中学德育工作五年发展规划目标分解表见附表3。

附表3 奚仲中学德育工作五年发展规划目标分解表

发展项目	第一阶段发展目标 (2022.09—2024.08)	第二阶段发展目标 (2024.09—2026.08)	第三阶段发展目标 (2026.09—2027.08)
德育	1. 制定教师德育能力校本培训工作制度,开展班主任德育能力校本培训。 2. 创建班主任工作室,制定工作室活动制度。 3. 探索"星级班评比"的激励、发展性评价体系。 4. 创新法治教育,迈进社区。 5. 创建学生自主教育的组织机构和制度。 6. 丰富学生青春期和心理健康教育。 7. 团队活动结合时事,开展创新而有实效的活动。 8. 探索新颖的家庭教育方式和活动。 9. 开展"感恩教育"在德育中发挥实效性的区级课题研究。 10. 初步形成学生行为规范素养评价指标体系。 11. 开展文明宿舍评比活动。 12. 培训好管乐队与护旗手。 13. 成立家长学校	1. 班主任德育能力校本培训课程完备。 2. 班主任工作室有序建立,初步形成的创建经验。 3. 完善"星级班评比"制度。 4. 法治特色教育在社区形成一定的影响。 5. 学生自主教育全面实施,在实施中发现问题、解决问题。 6. 分析学生青春期和心理健康教育的个案,积累教育经验。 7. 继续开展丰富多彩的团队活动,总结活动经验。 8. 开展家庭教育活动,富有成效。 9. "感恩教育"区级课题研究中期小结。 10. 进一步细化、优化奚仲中学学生行为规范素养评价指标。 11. 完善"德育分层教育"体系。 12. 开辟一批学校德育基地	1. 班主任德育能力明显增强。 2. 班主任工作室经验在全校推广。 3. 形成"星级班评比"的激励性和发展性评价体系。 4. 法治特色教育有新的发展。 5. 形成学生自主教育体系。 6. 形成青春期和心理健康教育体系。 7. 团队考核为A。 8. "感恩教育"在德育教育中发挥实效,区级课题研究完成结题报告。 9. 争创枣庄市优秀家长学校。 10. 形成《奚仲中学学生行为规范素养评价指标体系》。 11. 建立完善四支德育队伍

附表4:奚仲中学教学工作五年发展规划目标分解表

奚仲中学教学工作五年发展规划目标分解表见附表4。

附表4　奚仲中学教学工作五年发展规划目标分解表

发展项目	第一阶段发展目标（2022.09—2024.08）	第二阶段发展目标（2024.09—2026.08）	第三阶段发展目标（2026.09—2027.08）
教学	1. 以现代教育理念为引领，实施优化课堂教学策略，形成教学工作新“三清”运作机制。 2. 建构形成校本教研机制，贯彻落实新课程标准，加强课程执行力，促进教师专业发展。 3. 申报审批新一轮校本学科工作室，并以此为载体开展校本研修。 4. 进一步创新学科活动数学节、英语沙龙、语文美文诵读周、各学科两纲系列教育活动。 5. 拓展质量监控体系职能且与教师考核挂钩。 6. 继续合理开发设置、使用校本课程，使之适应现代化教育的要求。 7. 为一线教师配齐笔记本电脑，实现教师备课数字化。 8. 在区教学研讨活动中某些项目争取获奖。 9. 承办区级教改现场会。 10. 建立课改工作层级承包责任制。 11. 落实课堂教学“六条基本要求”	1. 贯彻现代教学理念形成本校教学特色，现代教育技术应用手段教师信息素养有提高。 2. 校本探究性课程形成系列。 3. 健全完善校本教学调研评价机制。 4. 完善“奚仲杯”教学评优及课件评优活动。 5. 推进实施电子备课教案系列、推行数字化教学资源共享；教学质量、教学信息资料形成数字化、现代化管理。 6. 开展符合新课改理念的高效课堂教学模式的校内外课堂教学观摩交流活动。 7. 开展符合时代背景的新型课堂教学模式的研讨，探索其发展内涵，高标准高质量地保证初中学生毕业率、升学率。 8. 承办市级教改现场会	1. 校本教研制度化，探究型课程系列化，学科教学活动特色化。 2. 校本教育教学信息资料数字化。 3. 97%的教师能熟练使用现代教育技术手段。 4. 现代教学理念能转化为教学行为，形成本校教学特色。 5. 教学质量持续稳定发展（期中、期末学业水平测试，以及中考合格率、优秀率持续稳定提高）。 6. 教学质量与校本评价过程管理制度化、常规化、科学化。完善符合素质教育理念的教学评价体制机制。 7. 拓展性课程能满足或适合学生个性发展的需求。 8. 拥有一支适应现代化教育要求、具有创新精神的师资队伍

附表5:奚仲中学教科研工作五年发展规划目标分解表

奚仲中学教科研工作五年发展规划目标分解表见附表5。

附表5　奚仲中学教科研工作五年发展规划目标分解表

发展项目	第一阶段发展目标（2022.09—2024.08）	第二阶段发展目标（2024.09—2026.08）	第三阶段发展目标（2026.09—2027.08）
教科研	1. 进一步修订和完善教科研管理制度，体现教科研管理的现代化，组织机构向年轻化过渡，教科研运行机制形成系列。 2. 培养一支学者型、科研型的教师队伍，推动素质教育的深层实施和素质教育质量的大面积提高。 3. 以校本研修与内部研讨方式遴选一批与学校现代化教育教学工作密切相关的课题成果，以招标方式，在部分班级、学科加以推广实施。 4. 酝酿出版《奚仲中学教育教学科研论文集》第一卷、第二卷	1. 教科研工作管理制度完善、形成系列的运行机制并稳定运行，教科研管理现代化，组织机构实现年轻化。教科研活动有所创新和发展。 2. 教职工现代化科研意识普及，科研理论水平、论文的撰写能力进一步提高。 3. 重点培养一批科研意识较强、有发展潜力的青年教师，形成学校教科研工作现代化的中青年骨干队伍。 4. 重点实施学校新龙头课题“学校教研文化发展的实践与研究”的实践与研究，进行中期论证。 5. 对推广课题进行阶段小结，并提出创新设想。 6. 高质量办好校园网“教科研天地”栏目。 7.《奚仲中学教育教学科研论文集》第三卷、第四卷出版	1. 教科研工作管理制度进一步完善、运行机制继续稳定运行，年轻化的教科研管理组织机构发挥主体作用。教科研活动进一步创新。科研管理进一步现代化。 2. 学校重点项目龙头课题初步形成成果，进入结题阶段；校级课题结题率达95%以上。 3. 科研骨干队伍发挥中坚作用。更多的学科性课题立项为区级及以上课题。 4. 科研成果推广对推动学校现代化教育教学发展促进作用明显。召开总结交流会。 5. 学校科研成果在区科研年会上获奖；学校教师每年能在区级及以上刊物发表10篇及以上文章，5年中力争在市级（或以上）刊物发表至少30篇文章。 6. 力争获得“薛城区教育系统教科研先进单位”称号

附表6:奚仲中学科技艺术教育五年发展规划目标分解表

奚仲中学科技艺术教育五年发展规划目标分解表见附表6。

附表6　奚仲中学科技艺术教育五年发展规划目标分解表

发展项目	第一阶段发展目标 (2022.09—2024.08)	第二阶段发展目标 (2024.09—2026.08)	第三阶段发展目标 (2026.09—2027.08)
科技艺术教育	1. 加强艺术教育“三团一队”建设。 2. 坚持实施传承民族传统艺术的教学。 3. 开设符合学生个性发展的、多种形式的科技艺术类探究型课程。 4. 加强科普阵地设施建设(如橱窗、展示室、校园电视台等)。 5. 加强校园电视台栏目的科技艺术教育宣传。 6. 创建枣庄市星级绿色学校。 7. 每学年举办一次科技节、艺术节活动	1. 艺术教育团队(合唱团、舞蹈队、书画苑)建设有成效。 2. 切实提高探究型课程的教学质量。 3. 保持区科技教育示范项目如航模、船模等。 4. 发展机器人制作、应用化学等新的特色小组。 5. 每个学生能掌握一门乐器演奏的技能	1. 1～2个团队在区级层面有一定的影响力和知名度。 2. 鼓乐队能在校内外活动中展示表演。 3. 探究型课程教案汇编成册。 4. 保持区科普活动示范校的荣誉称号。 5. 力争枣庄市星级绿色学校。 6. 争创市级科技教育示范点

附表7:奚仲中学体育卫生工作五年发展规划目标分解表

奚仲中学体育卫生工作五年发展规划目标分解表见附表7。

附表7　奚仲中学体育卫生工作五年发展规划目标分解表

发展项目	第一阶段发展目标 (2022.09—2024.08)	第二阶段发展目标 (2024.09—2026.08)	第三阶段发展目标 (2026.09—2027.08)
体卫工作	1. 贯彻《学校体育工作条例》和《学校卫生工作条例》。 2. 积极开展体育教学和卫生工作的教学科研。 3. 完善学校体育、卫生工作档案。 4. 组建专项运动队。 5. 争创省级卫生先进单位。 6. 加强执行《人员进出管理制度》和《道路车辆通行安全管理制度》。 7. 设立卫生健康、环保知识宣传专栏。 8. 加强对食堂卫生、食品安全的监督并定期检查。 9. 承办区级及以上食品卫生安全现场会	1. 加强体育教学和卫生工作的科研力度。 2. 加强体育教学研究,提高教学质量。 3. 加强学生意外伤害防范管理工作,杜绝学生意外伤害事故的发生。 4. "六病"防治工作力争各项指标达标,无食堂卫生、食品安全责任事故。 5. 学生卫生行为习惯规范化。 6. 每年举办一届校运动会,每学期全校小型化、多样化的体育竞赛不少于两次。 7. 承办市级及以上食品卫生安全现场会	1. 学生素质测试、体育锻炼达标率均达到区平均标准及以上。 2. 积极参加各级各类体育竞赛并力争获奖。 3. 体育教学和卫生工作在教科研方面出成果。 4. 通过枣庄市"健康校园"验收。 5. 力争评为区爱国卫生先进单位。 6. 专项运动队建设有成效。 7. 学校食堂保持"山东省食堂管理A级单位"

附表 8:奚仲中学总务工作五年发展规划目标分解表

奚仲中学总务工作五年发展规划目标分解表见附表 8。

附表 8　奚仲中学总务工作五年发展规划目标分解表

发展项目	第一阶段发展目标 (2022.09—2024.08)	第二阶段发展目标 (2024.09—2026.08)	第三阶段发展目标 (2026.09—2027.08)
总务	1. 加大后勤各项管理制度的执行力度。 2. 加强岗位职能及专业能力培训,强化岗位职责落实。 3. 完善聘用合同制,实行竞争上岗,优化人员结构。 4. 创建健康向上的餐厅文化和宿舍文化。 5. 加强校园道路通行安全管理,教学区、运动区人员进出管理,以及机房、配电间等校园安全技防、人防工作的管理	1. 整合校舍、场地、实验室、食堂等教学设施设备管理制度,加强岗位责任制的落实。 2. 提高财保工作的监控、规范过程管理的能力与水平。 3. 引导总务人员学习更新专业技能,掌握信息技术,建构后勤工作数字化管理平台。 4. 加强新校园的绿化、美化、净化和环境卫生工作,创设良好育人环境。 5. 总务人员树立德育工作者的理念,培养和教育学生具有良好环保意识	1. 总务工作管理制度完善,工作务实到位,高质量的服务、保障被认可。 2. 财务、财保工作通过上级部门的考核、审计、验收。 3. 校舍、校园、教育教学设施设备完好率达 100%。 4. 校园绿化率达到枣庄市绿化单位标准,通过薛城区绿色学校验收。 5. 校园环境质量令师生、家长、社区满意

第二篇

学校视觉文化系统构建

第一部分　学校视觉文化

薛城奚仲中学 Xuecheng Xizhong Middle School　VIS Visual Identity System 视觉形象识别手册　基本部分　A.00

基本部分

VI基本设计系统是学校视觉识别系统中的核心，是学校对外传达信息、传达视觉形象、增强竞争能力；对内加强核心领导、凝聚员工向心力、建立学校优秀文化的重要工具。

基本部分 Basic elements　A

A.01 标志
A.02 标志释义
A.03 标准色、辅助色
A.04 标志方格制图
A.05 标志独立组合方格制图
A.06 标志与中英文简称方格制图（横式1）
A.07 标志与中英文简称方格制图（横式2）
A.08 标志与中英文全称方格制图（横式1）
A.09 标志与中英文全称方格制图（横式2）
A.10 标志与中英文简称基本组合（竖式1）
A.11 标志与中英文全称基本组合（竖式2）
A.12 预设区隔空间
A.13 标志单色应用
A.14 标志色彩应用
A.15 标志禁止组合规范
A.16 辅助图形
A.17 印刷字体
A.18 标志独立组合样本
A.19 标志与标准字组合样本
A.20 标志与标准字组合样本
A.21 标志与标准字组合样本
A.22 标志与标准字组合样本

薛城奚仲中学 Xuecheng Xizhong Middle School　VIS Visual Identity System 视觉形象识别手册　标志 A.01

Xuecheng Xizhong Middle School

奚仲

薛城奚仲中学

标志释义：

学校名称直接用奚仲两字，起名直接反映地域特色，同时很好地表明了学校的文化渊源和办学特色。

把中文“奚仲”两字融入到学校的标志中，直接明确。可是不是任何字体都适合作为标志形式出现，在字型上做了颇有创意的表现，字体既有篆的味道，也有今的简约，篆而易辨，既容含历史文化的沉淀，反映浓厚的传统文化气息，又有现代的创新意识和表现语言，体现了学校在继承和发扬奚仲文化的同时，更要求创新意识。这不仅是对文化的要求，更是对学校管理和教师素质的标准要求。此标志对外界直接传达了奚仲中学是文化传承的载体，对内塑造浓厚的文化气息起到重要的作用，同时蕴含学校、教师、学生在奚仲文化的影响下立志、修身、平天下的意义。

标准色、辅助色

标准色是学校VI中首要的视觉识别元素之一。学校标准色的制定是学校独立个性的体现，学校应给予充分的认识，以确保其运用在应用设计项目中之权威性与识别性，从而使其最具有代表性的学校形象得以正确塑造，建立社会公众一致的认知。辅助色是衬托表现学校的标准色彩，补充学校象征意念，增强品牌活力之多种色彩表现。

①

标准色

① C100 M60 Y0 K0　　PANTONE 3005C　　(RGB) R0 G91 B172

① ② ③ ④ ⑤ ⑥ ⑦

辅助色

① C30 M15 Y0 K0
② C0 M50 Y100 K0
③ 银色 PANTONE 877C
④ 金色 PANTONE 874C
⑤ C20 M0 Y100 K0
⑥ C100 M0 Y0 K0
⑦ C100 M80 Y0 K0

标志方格制图

标志标准制图法主要用于快速、准确地绘制学校标志，特别在制作招牌、户外看板、指示牌、建筑外观等无法使用负片放大的大型制作项目的精确绘制。请务必严格遵循此规范，核准比例关系，以避免以后导入出现误差。

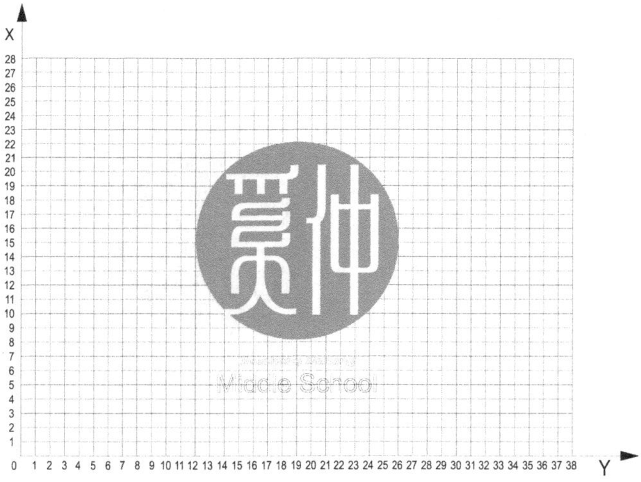

标志独立组合方格制图

标志标准制图法主要用于快速、准确地绘制学校标志，特别在制作招牌、户外看板、指示牌、建筑外观等无法使用负片放大的大型制作项目的精确绘制。请务必严格遵循此规范，核准比例关系，以避免以后导入出现误差。

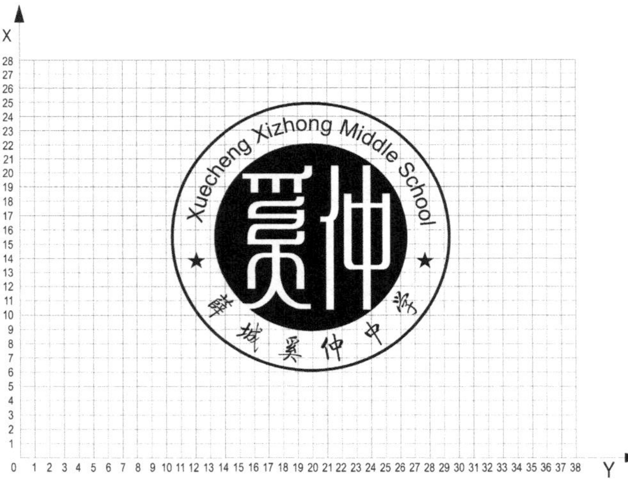

标志与中英文简称方格制图（横式1）

标志与中英文的组合关系及比例，是整体视觉形象的基础内容。无论是色彩、比例关系、字距行间，还是排列方式等，均不可擅自更改使用。此类组合只是界定标志与中英文名称的组合关系，当这三者元素分离或相对分离使用时，则不受此限制。

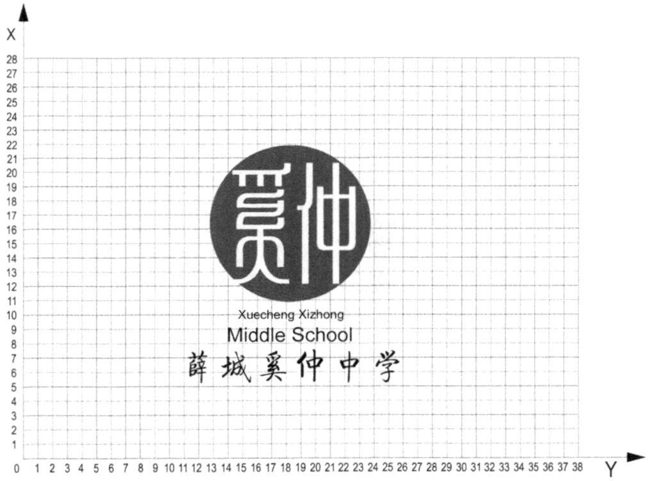

标志与中英文简称方格制图（横式2）

标志与中英文的组合关系及比例，是整体视觉形象的基础内容。无论是色彩、比例关系、字距行间，还是排列方式等，均不可擅自更改使用。此类组合只是界定标志与中英文名称的组合关系，当这三者元素分离或相对分离使用时，则不受此限制。

薛城奚仲中学
Xuecheng Xizhong
Middle School

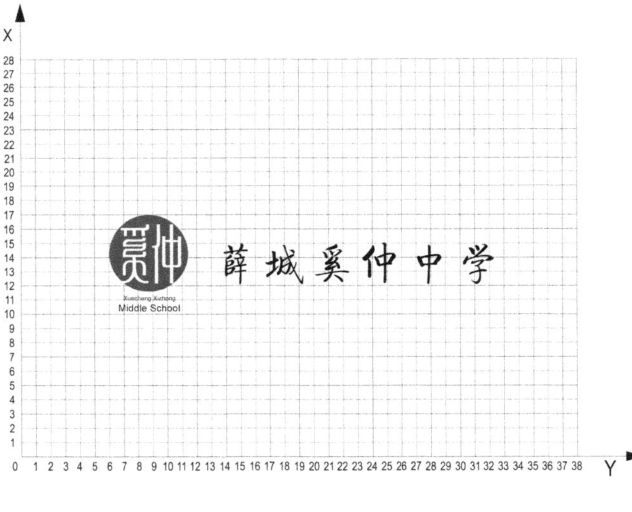

标志与中英文全称方格制图（横式1）

标志与中英文全称是把原本只具有可读功能的文字名称，结合标志及其基本要素，进行了视觉形象归纳，使其在具有原有的可读性功能上，又赋予了一定的标志功能。中英文名称的标准与规范，是整体视觉形象的基础内容。无论是色彩、比例关系、字距行间，还是排列方式等，均不可擅自更改使用。

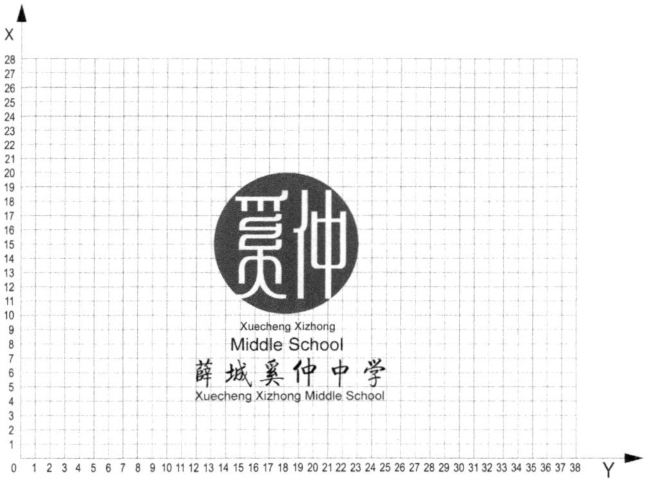

标志与中英文全称方格制图（横式2）

标志与中英文全称是把原本只具有可读功能的文字名称，结合标志及其基本要素，进行了视觉形象归纳，使其在具有原有的可读性功能上，又赋予了一定的标志功能。中英文名称的标准与规范，是整体视觉形象的基础内容。无论是色彩、比例关系、字距行间，还是排列方式等，均不可擅自更改使用。

薛城奚仲中学
Xuecheng Xizhong Middle School

标志与中英文简称基本组合（竖式1）

标志与中英文的组合关系及比例，是整体视觉形象的基础内容。无论是色彩、比例关系、字距行间，还是排列方式等，均不可擅自更改使用。此类组合只是界定标志与中英文名称的组合关系，当这三者元素分离或相对分离使用时，则不受此限制。

标志与中英文全称基本组合（竖式2）

标志与中英文的组合关系及比例，是整体视觉形象的基础内容。无论是色彩、比例关系、字距行间，还是排列方式等，均不可擅自更改使用。此类组合只是界定标志与中英文名称的组合关系，当这三者元素分离或相对分离使用时，则不受此限制。

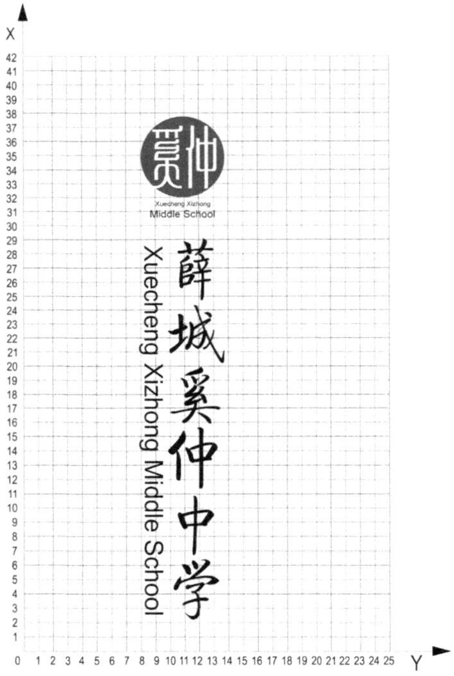

预设区隔空间

标志应用时，为顾及其独立性，特别设定了“预设区隔空间”以突显其识别效果及避免其他元素的干扰。此区隔空间在实际应用时必须予以保证。

基本元素 | 最小尺寸

为了确保学校标志和文字的完整和准确表现，避免标志在运用中由于过小，而造成印刷糊板，显示不清晰。特规定其最小使用尺寸。

标志单色应用

因印刷预算或其他情况而不能使用全色商标时（例如黑白报纸文稿等），可考虑使用下图所示的单色标志。

① ② ③ ④ ⑤

① C0 M50 Y100 K0
PANTONE 1495C

② C0 M100 Y100 K0
PANTONE RedC

③ C100 M0 Y100 K0
PANTONE 7481C

④ 银　色

⑤ 金　色

学校标志也可以使用反白效果。

标志底色应用

标志色彩应用

标志的基本形式在不同的环境中会产生不同的应用效果，为避免在某些应用中的不良应用效果及丰富标志的应用性，我们在原标志的基础上确定了一些标志在不同底色上的应用规范。

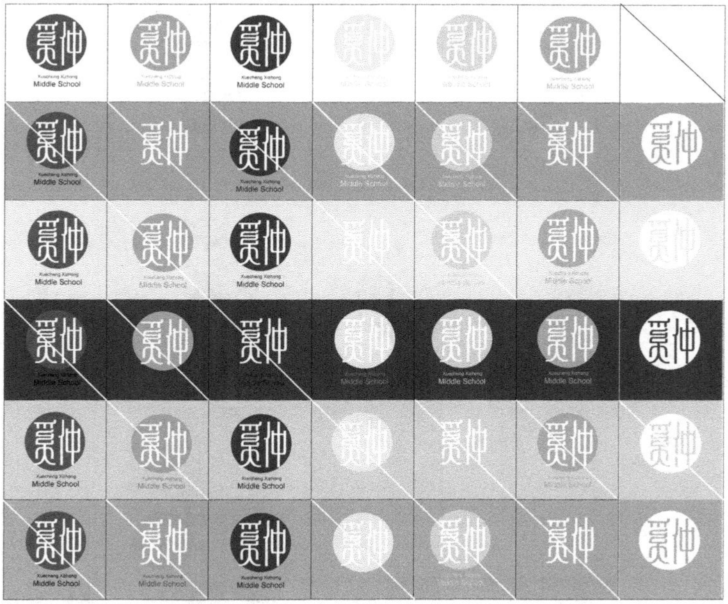

标志禁止组合规范

为防止标志等核心元素在应用中出现偏差，影响学校整体形象的统一，特列举一些使用中的禁止例，以警示在应用中不可脱离规范擅自应用。

A: 压缩变形禁用
B: 倾斜角度禁用
C: 线描禁用
D: 色彩错误
E: 组合错误
F: 字体错误
G: 色彩错误
H: 色彩错误
I : 色彩错误
J: 色彩错误

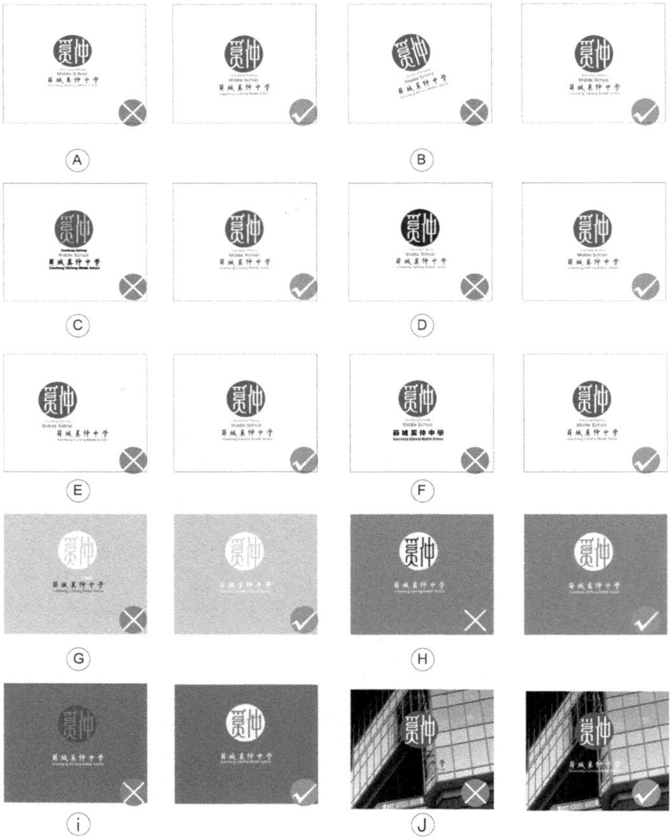

此符号为错误提示　此符号为正确应用

辅助图形

辅助图形是从标志形象中提取出来，用于传达学校的形象特征，以丰富整体学校形象的传达与应用。辅助图形是附属于标志，以补充和丰富视觉形象传达，同时又具有一定的形象功能的应用图形。

印刷字体

为方便及统一学校形象风格在宣传应用中的需要，以及与工业印刷、制作等进行作业配合，提高使用效率，特规定印刷字体以供使用。此类字体可用于事务用品类、广告媒体、看板等。

大黑简体	薛城奚仲中学	
大宋简体	薛城奚仲中学	适应于大标题
黑体	薛城奚仲中学	适应于小标题和内文
中等线简体	薛城奚仲中学	
书宋简体	薛城奚仲中学	适应于内文
Arial Black	Xuecheng Xizhong Middle School	适应于大标题
Times	Xuecheng Xizhong Middle School	适应于小标题
Arial	Xuecheng Xizhong Middle School	适应于内文

Xuecheng Xizhong
Middle School
薛城奚仲中学

Xuecheng Xizhong
Middle School
薛城奚仲中学

Xuecheng Xizhong
Middle School
薛城奚仲中学

Xuecheng Xizhong
Middle School
薛城奚仲中学

Xuecheng Xizhong
Middle School
薛城奚仲中学

Xuecheng Xizhong
Middle School
薛城奚仲中学

Xuecheng Xizhong
Middle School
薛城奚仲中学

Xuecheng Xizhong
Middle School
薛城奚仲中学

Xuecheng Xizhong
Middle School
薛城奚仲中学

Xuecheng Xizhong
Middle School
薛城奚仲中学

Xuecheng Xizhong
Middle School
薛城奚仲中学

Xuecheng Xizhong
Middle School
薛城奚仲中学

Xuecheng Xizhong
Middle School
薛城奚仲中学
Xuecheng Xizhong Middle School

Xuecheng Xizhong
Middle School
薛城奚仲中学
Xuecheng Xizhong Middle School

Xuecheng Xizhong
Middle School
薛城奚仲中学
Xuecheng Xizhong Middle School

Xuecheng Xizhong
Middle School
薛城奚仲中学
Xuecheng Xizhong Middle School

Xuecheng Xizhong
Middle School
薛城奚仲中学
Xuecheng Xizhong Middle School

Xuecheng Xizhong
Middle School
薛城奚仲中学
Xuecheng Xizhong Middle School

Xuecheng Xizhong
Middle School
薛城奚仲中学

Xuecheng Xizhong
Middle School
薛城奚仲中学

Xuecheng Xizhong
Middle School
薛城奚仲中学

Xuecheng Xizhong
Middle School
薛城奚仲中学

Xuecheng Xizhong
Middle School
薛城奚仲中学

Xuecheng Xizhong
Middle School
薛城奚仲中学

应用部分 Application Part B

名片	B. 01
名片座、名片夹	B. 02
信纸	B. 03
信封	B. 04
便签纸	B. 05
电话留言纸	B. 06
传真纸	B. 07
档案袋	B. 08
材料夹	B. 09
卷宗	B. 10
教案	B. 11
笔、笔记本	B. 12
备课本	B. 13
薪资袋	B. 14
胸卡、胸徽	B. 15
证书、聘书	B. 16
校牌、授权证	B. 17
光盘	B. 18
水杯、踏垫	B. 19
白板	B. 20
宣传栏	B. 21
垃圾桶	B. 22

名片

名片是学校形象传播的重要组成部分。制作时，必须严格按照本规定执行，印刷材质和工艺力求精美。纸张均为白色无花纹、无底纹的名片用纸。名片的内容包括标识、姓名、职务、地址、电话、传真、邮政编码、网址等。不得随意添加无关的内容，如家庭地址、住宅电话、社会兼职等。

名片座、名片夹

名片座
材质：透明有机玻璃或亚克力
工艺：丝网印刷或激光雕刻

名片夹
材质：皮革制品
工艺：压印或烫金、烫银

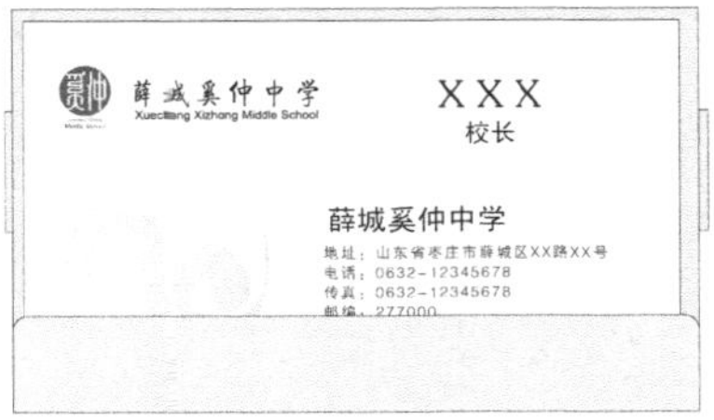

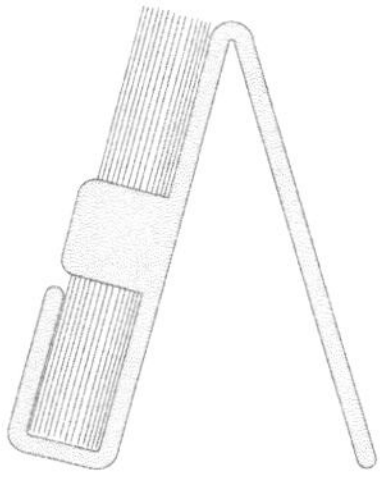

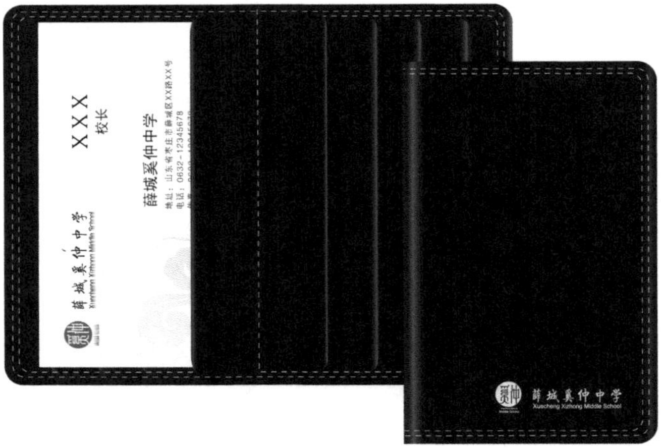

薛城奚仲中学 Xuecheng Xizhong Middle School　VIS Visual Identity System 视觉形象识别手册　信纸 B.03

信纸

信纸在印制时，请严格遵循以下格式,规格是：210mm×285mm。

在材质上根据需求选择纸张。

信封

信封在印制时，请严格遵循以下格式。
在材质上根据需求选择纸张，但必须符合国家邮政部门的有关规定。

规格是：
5号信封：220mm×110mm。
7号信封：229mm×158mm。
9号信封：229mm×324mm。

5号信封

9号信封

便签纸

便签纸作为学校内部管理的规范用品，采用统一的比例和格式，其基本格式需按照本项目标准执行。

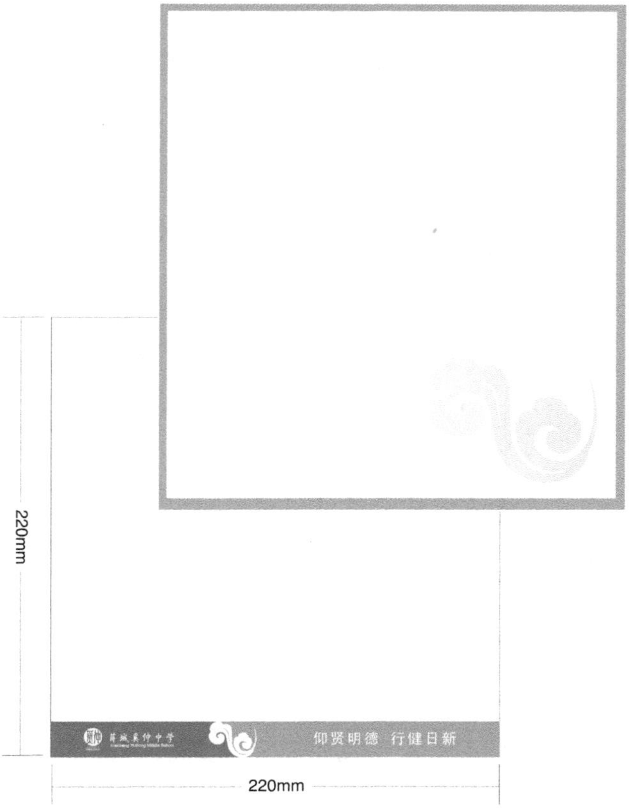

电话留言纸

电话留言纸作为学校内部管理的规范用品，采用统一的比例和格式，其基本格式需按照本项目标准执行。

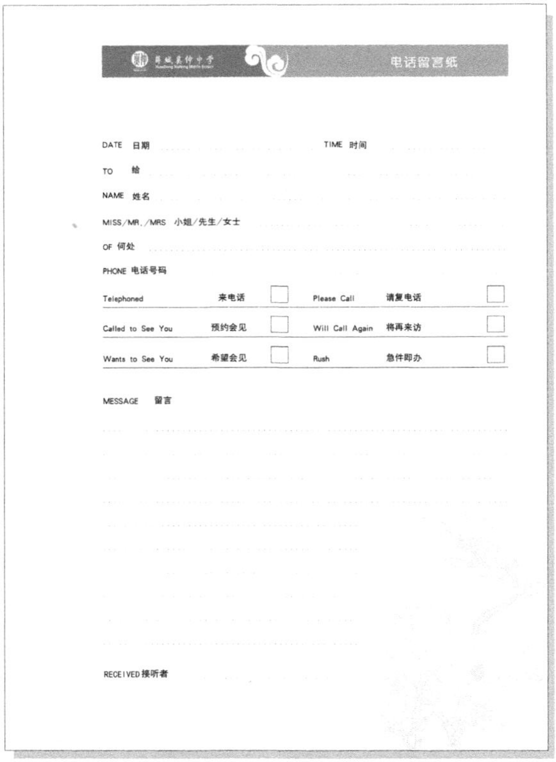

薛城奚仲中学 Xuecheng Xizhong Middle School 电话留言纸

DATE 日期 TIME 时间

TO 给

NAME 姓名

MISS/MR./MRS 小姐/先生/女士

OF 何处

PHONE 电话号码

Telephoned	来电话	Please Call	请复电话
Called to See You	预约会见	Will Call Again	将再来访
Wants to See You	希望会见	Rush	急件即办

MESSAGE 留言

RECEIVED 接听者

传真纸

传真纸为学校内部管理的规范用品，采用统一的比例和格式，其基本格式需按照本项目标准执行。

规格：210mm×297mm

建议材质：80g书写纸。

薛城奚仲中学 Xuecheng Xizhong Middle School VIS Visual Identity System 视觉形象识别手册 档案袋 B.08

档案袋

档案袋在印制时，请严格遵循以下格式，在材质上根据需求选择纸张。

材料夹

材料夹在印制时，请严格遵循以下格式，在材质上根据需求选择纸张。

薛城奚仲中学 Xuecheng Xizhong Middle School　VIS Visual Identity System 视觉形象识别手册　卷宗 B.10

卷宗

应用于学校内部或对外公共活动，能产生良好的对外扩散效果和树立良好的学校形象。

规格：视实际情况而定

材质：视实际情况而定

教案

应用于学校内部或对外公共活动，能产生良好的对外扩散效果和树立良好的学校形象。

规格：视实际情况而定

材质：视实际情况而定

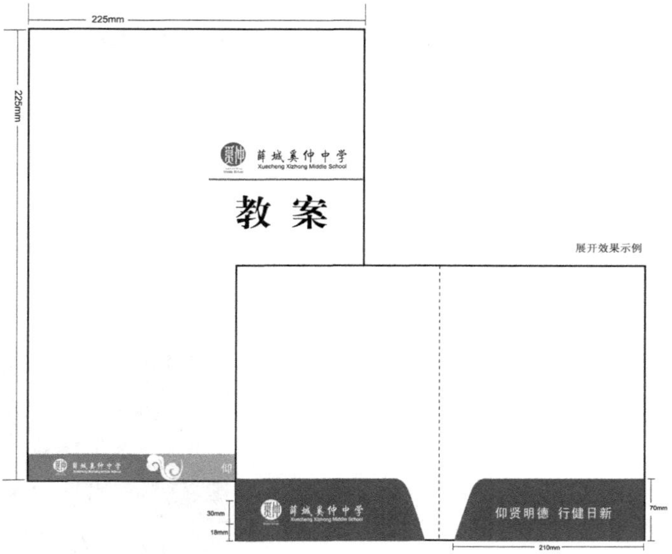

笔、笔记本

应用于学校内部或对外公共活动，能产生良好的对外扩散效果和树立良好的学校形象。

规格：视实际情况而定

材质：视实际情况而定

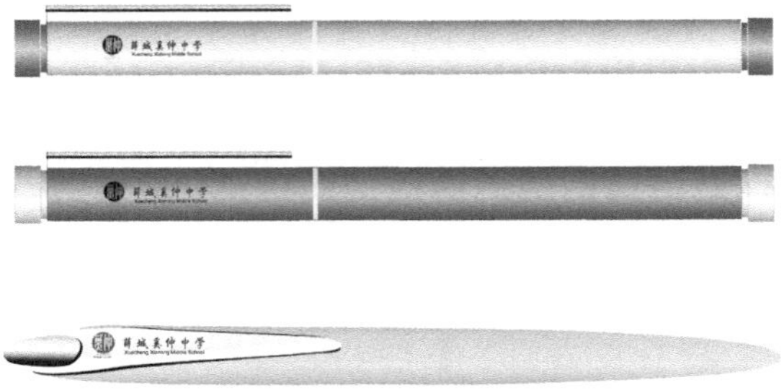

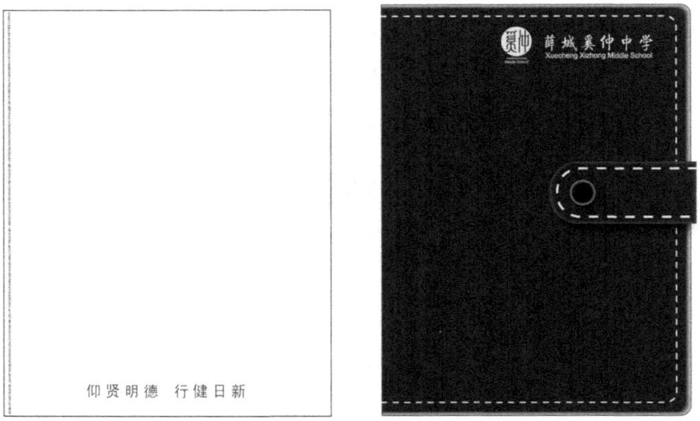

备课本

应用于学校内部或对外公共活动，能产生良好的对外扩散效果和树立良好的学校形象。

规格：视实际情况而定

材质：视实际情况而定

薪资袋

薪资袋作为学校内部的规范用品，采用统一的比例和格式，其基本格式须按照本项目执行。

规格：视实际情况而定

材质：视实际情况而定

正面

背面

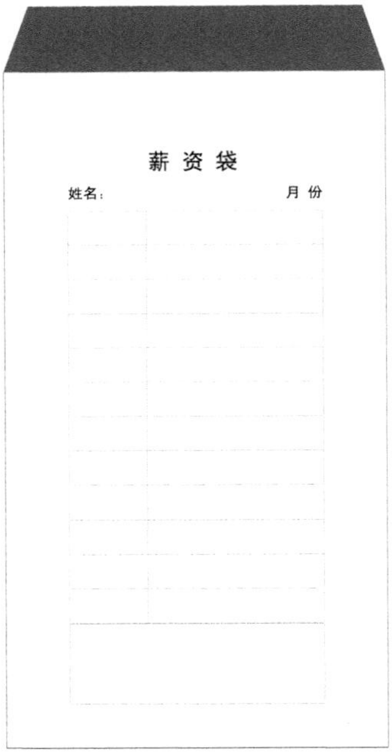

胸卡、胸徽

此类应用是学校事务用品中对外传播的重要载体，实施中应确保完美体现VI风格。

规格：视实际情况而定

材质：视实际情况而定

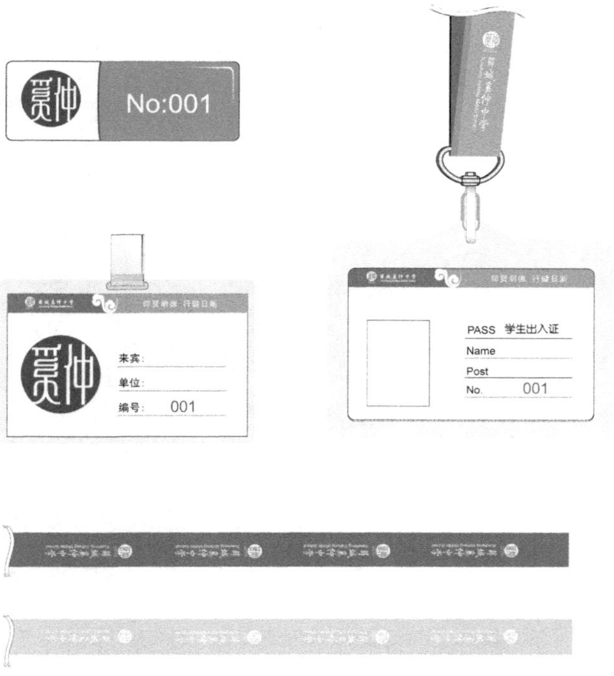

证书、聘书

此类应用是学校事务用品中对外传播的重要载体，实施中应确保完美体现VI风格。

规格：视实际情况而定

材质：视实际情况而定

校牌、授权证

校牌、授权证是学校内部管理机构建立学校形象，统一意识的重要方式，具有学校内部信息传讯和导向功能，在学校内部管理中树立整体形象观念。

规格：视实际情况而定

材质：视实际情况而定

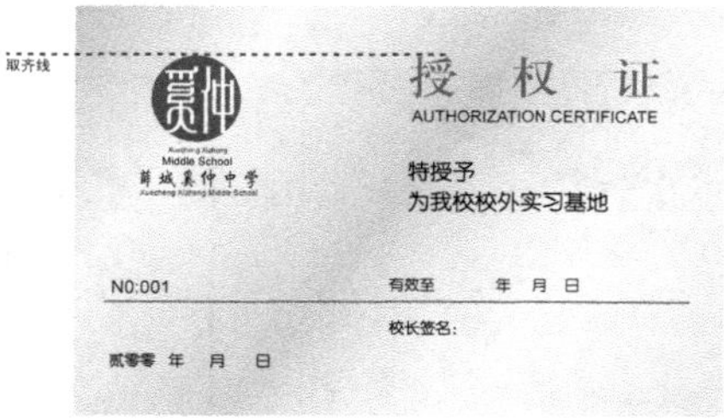

光盘

此类应用是学校事务用品中对外传播的重要载体，实施中应确保完美体现VI风格。

规格：视实际情况而定

材质：视实际情况而定

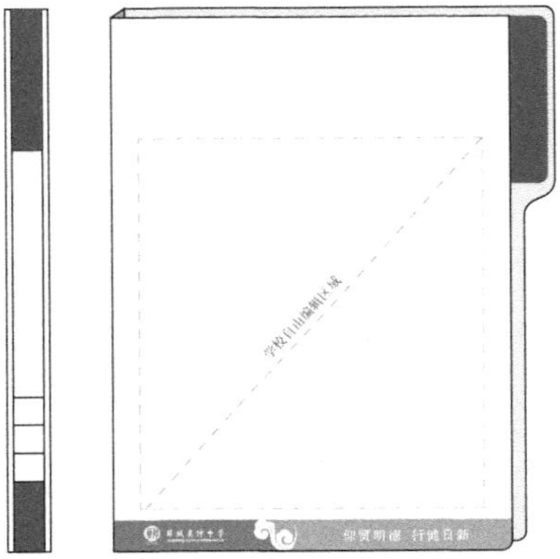

水杯

水杯是学校事务用品中对外传播的重要载体，实施中应确保完美体现VI风格。

规格：视实际情况而定

材质：视实际情况而定

白板

白板是学校形象在公共场所的视觉再现，它标志着学校的面貌特征，是一种公开化的有特色的群体广告。

规格：视实际情况而定

材质：视实际情况而定

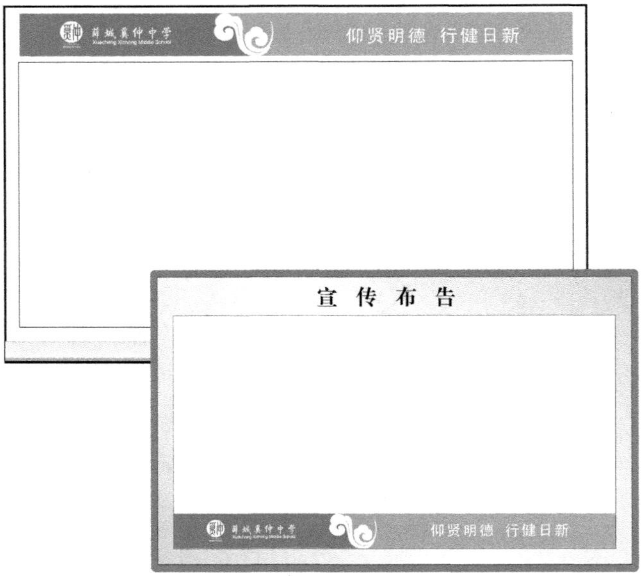

宣传栏

宣传栏是学校形象在公共场所的视觉再现，它标志着学校的面貌特征，是一种公开化的有特色的群体广告。

规格：视实际情况而定

材质：视实际情况而定

垃圾桶

垃圾桶属学校环境部分，是树立学校良好形象的窗口，也是培养学生卫生习惯的重要载体，因工艺质量的要求，传达元素力求以核心元素为主导，规格及材质以制造商的常规为准，以保障成本的控制及便于批量生产。

服装部分 Clothes Part C

教师男女工服 C. 01
教师夏装 C. 02
学生夏装 C. 03
学生校服 C. 04
文化T恤 C. 05
帽子 C. 06

教师男女工服

教师男女工服在社交和工作过程中，发挥着很大的作用。主要是通过学校标志和学校标准色、辅助色来表达学校和教师的形象属性，对内可以有效地提高学校内部管理的整体观念，激发教师对学校的理解和参与意识；对外体现统一规范而独特的学校形象，是学校整体形象不可分割的组成部分。

规格：视实际情况而定

材质：视实际情况而定

教师夏装

教师夏装在社交和学习活动过程中，发挥着很大的作用。主要是通过学校标志和学校标准色、辅助色来表达学校和教师的形象属性，对内可以有效地提高学校内部管理的整体观念，激发教师对学校的理解和参与意识；对外体现统一规范而独特的学校形象，是学校整体形象不可分割的组成部分。

规格：视实际情况而定

材质：视实际情况而定

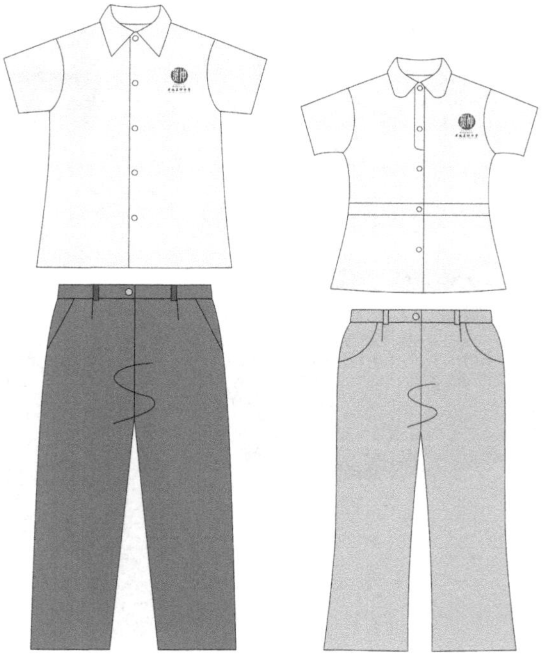

学生夏装

学生夏装在社交和学习活动过程中，发挥着很大的作用。主要是通过学校标志和学校标准色、辅助色来表达学校和学生的形象属性，对内可以有效地提高学校内部管理的整体观念，激发学生对学校的理解和参与意识；对外体现统一规范而独特的学校形象，是学校整体形象不可分割的组成部分。

规格：视实际情况而定

材质：视实际情况而定

学生校服

学生校服在社交和学习过程中，发挥着很大的作用。主要是通过学校标志和学校标准色、辅助色来表达学校和学生的形象属性，对内可以有效地提高学校内部管理的整体观念，激发学生对学校的理解和参与意识；对外体现统一规范而独特的学校形象，是学校整体形象不可分割的组成部分。

规格：视实际情况而定

材质：视实际情况而定

薛城奚仲中学 Xuecheng Xizhong Middle School　VIS Visual Identity System 视觉形象识别手册　文化T恤 C.05

文化T恤

此项主要通过学校标志和辅助图形的表现，表达师生的集体性学校的所属性，有效提高学校品牌形象。

规格：视实际情况而定

材质：视实际情况而定

帽子

此项主要通过学校标志和标准色的表现，表达师生的集体性学校的所属性，有效提高学校品牌形象。

规格：视实际情况而定

材质：视实际情况而定

学校展示部分 School Display Part D

学校旗帜 D. 01
学校挂旗、桌旗 D. 02
礼品伞 D. 03
礼品袋 D. 04
台历 D. 05
钥匙扣 D. 06
贺卡 D. 07
请柬 D. 08

学校旗帜

学校旗帜，表示学校所在地的存在，是学校涉外和大型活动场所首要的象征标志。在不同环境中色彩表现，可采用标志为阴阳表现及使用象征图形等方式，均具有同等的象征意义。

规格：视实际情况而定

材质：视实际情况而定

学校挂旗、桌旗

学校挂旗、桌旗是学校涉外和大型活动场所室内首要的象征标志。作为不同环境中色彩表现，可采用标志为阴阳表现及使用象征图形等方式，均具有同等的象征意义。

规格：视实际情况而定

材质：视实际情况而定

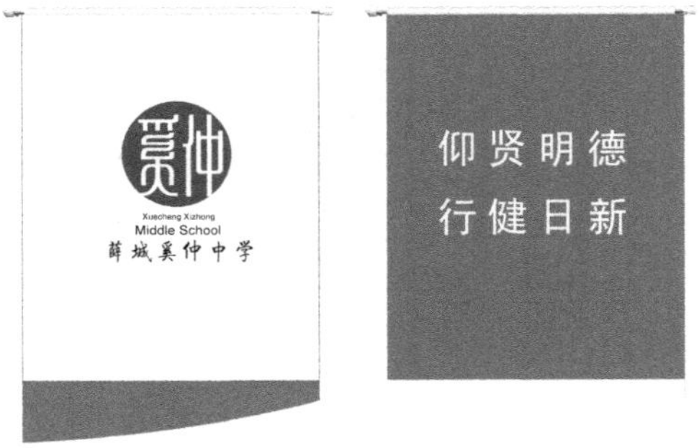

礼品伞

学校对外交往、赠送礼品，能树立良好的学校形象，也是学校对外传播的重要载体，因工艺及量的要求，传达元素力求以核心元素为主导，规格及材质以制造商的常规为准，以保障成本的控制及便于批量生产。

礼品袋

此项应用于学校对外事务及联谊活动礼品，代表学校产生对外的扩散效果以诉求社会公众树立良好的学校形象。特殊需要的礼品袋，可根据特殊的项目进行专门设计，形成活跃而亲切的形象表现。

规格：根据实际情况而定

材质：根据实际情况而定

台历

学校对外交往、赠送礼品，能树立良好的学校形象，也是学校对外传播的重要载体，因工艺及量的要求，传达元素力求以核心元素为主导，规格及材质以制造商的常规为准，以保障成本的控制及便于批量生产。

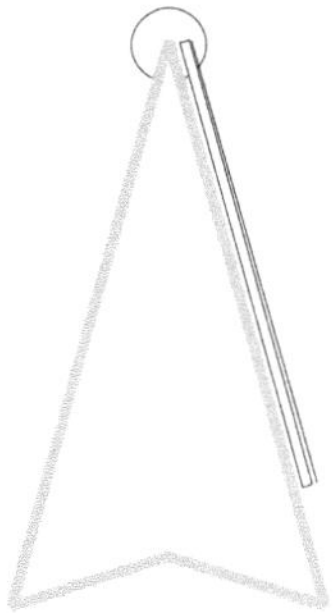

钥匙扣

学校内部教师赠送礼品，能树立良好的学校形象，也是学校对外传播的重要载体，因工艺及量的要求，传达元素力求以核心元素为主导，规格及材质以制造商的常规为准，以保障成本的控制及便于批量生产。

贺卡

此项适用于学校对外交往、节日祝贺，能树立良好的学校形象，也是学校对外传播的重要载体，实施中应确保完美体现VI风格。

规格：视实际情况而定

材质：视实际情况而定

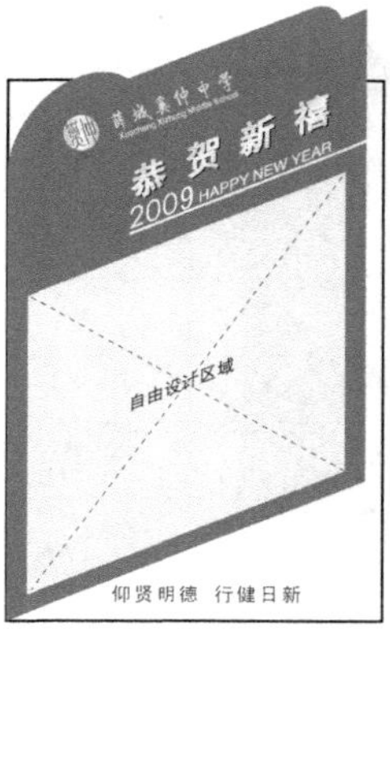

薛城奚仲中学 Xuecheng Xizhong Middle School　VIS Visual Identity System 视觉形象识别手册　请柬 D.08

请柬

此项适用于学校对外交往、联谊活动，能树立良好的学校形象，也是学校对外传播的重要载体，实施中应确保完美体现VI风格。

规格：视实际情况而定

材质：视实际情况而定

指示部分 Direction Part E

安全指示牌	E. 01
部门指示牌	E. 02
三表栏	E. 03
停车牌、道路指示牌	E. 04
树牌、花草牌	E. 05
楼层牌	E. 06
学校名称坡面处理	E. 07

安全指示牌

安全指示牌是学校内部管理机构建立学校形象、统一意识的重要方式，具有学校内部信息传讯和导向功能，在学校内部管理中树立整体形象观念。

规格：根据实际情况而定

材质：根据实际情况而定

部门指示牌

部门指示牌是学校内部管理机构建立学校形象、统一意识的重要方式，具有学校内部信息传讯和导向功能，在学校内部管理中树立整体形象观念。

规格：根据实际情况而定

材质：根据实际情况而定

三表栏

三表是学校内部统一管理的重要方式，具有学校内部信息传讯功能。

规格：根据实际情况而定

材质：根据实际情况而定

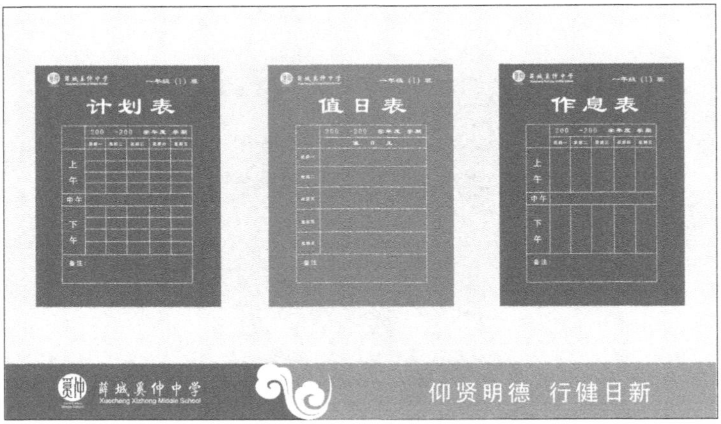

停车牌、道路导示

此项是学校形象在公众场所的视觉再现，它标志着学校的面貌特征，是一种公开化、有特色的群体广告。其设计风格及色彩都应融入学校形象之中，反映学校文化。

材质：视实际情况而定

工艺：丝网印刷

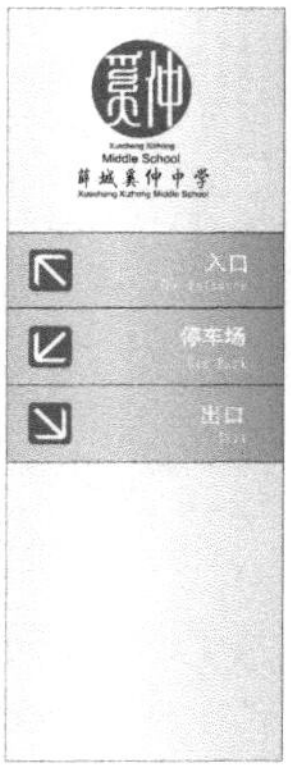

树牌、花草牌

此项是学校形象在公众场所的视觉再现，它标志着学校的面貌特征，是一种公开化、有特色的群体广告。其设计风格及色彩都应融入学校形象之中，反映学校文化。

材质：视实际情况而定

楼层牌

此项是学校形象在公众场所的视觉再现，它标志着学校的面貌特征，是一种公开化、有特色的群体广告。其设计风格及色彩都应融入学校形象之中，反映学校文化。

材质：视实际情况而定

楼层号

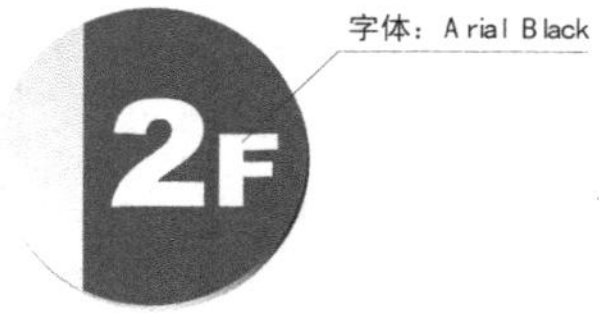

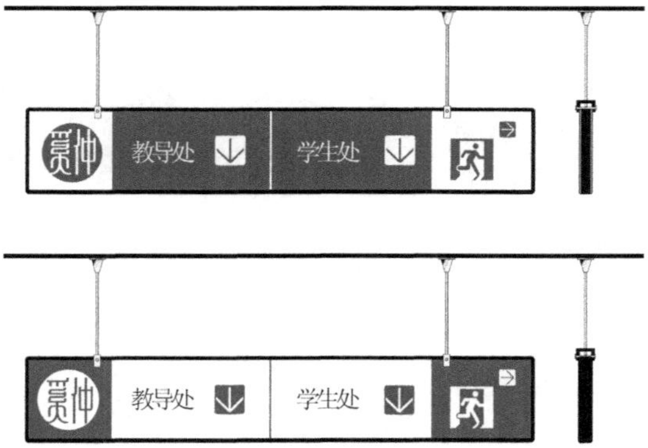

学校名称坡面处理

此项是学校形象在公众场所的视觉再现，它标志着学校的面貌特征，是一种公开化、有特色的群体广告。其设计风格及色彩都应融入学校形象之中，反映学校文化。

宣传部分 Publicity Part F

学校竖旗 F. 01
灯箱导示 F. 02
室内墙体形象 F. 03
户外看板 F. 04

学校竖旗

学校竖旗是学校涉外和大型活动场所室内首要的象征标志。在不同环境中的色彩表现，可采用标志为阴阳表现及使用象征图形等方式，均具有同等的象征意义。

字体：标志标准组合

材质：视实际情况而定

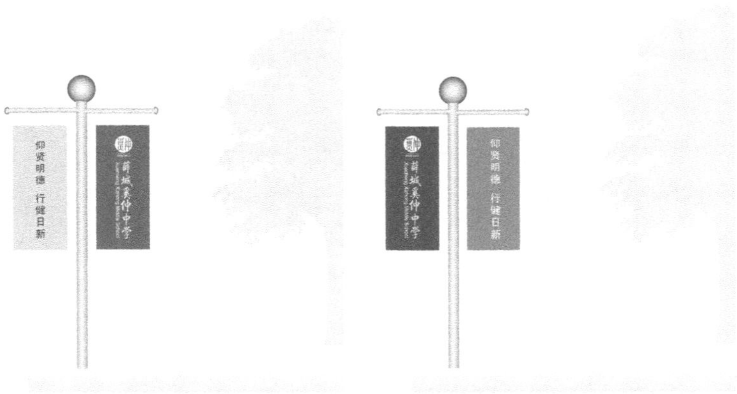

灯箱导示

此项是学校形象在公众场所的视觉再现，它标志着学校的面貌特征，是一种公开化、有特色的群体广告。其设计风格及色彩都应融入学校形象之中，反映学校文化。

建议材质：视实际情况而定

室内墙体形象

室内墙体形象是学校形象在公共场所的视觉再现，它标志着学校的面貌特征，反映学校文化主题。制作单位需严格执行色彩标准，墙体形象是展示学校形象的有效途径。

户外看板

此项是学校形象在公众场所的视觉再现，它标志着学校的面貌特征，是一种公开化、有特色的群体广告。其设计风格及色彩都应融入学校形象之中，反映学校文化。

字体：标志标准组合

材质：视实际情况而定

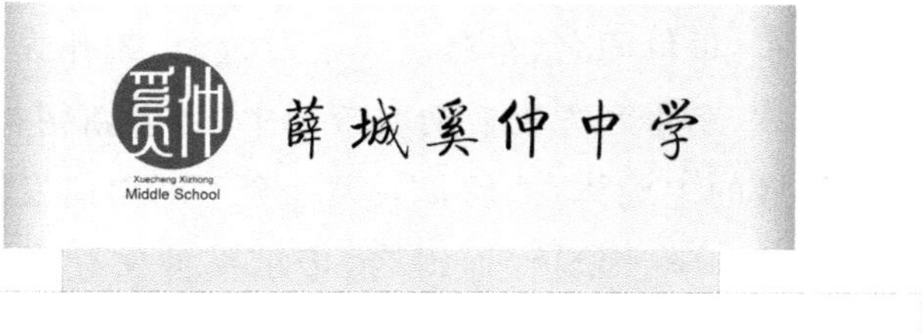

第二部分 学校环境文化系统赏析

前 言

奚仲造车，举世闻名，车载周天子西游，车载孔夫子周游全国，车载中国文化走向西方，车将西方工业文明带回中国；创新精神，绵延千年，从古至今都是社会发展的主旋律，推动着人类社会不断向前发展。

薛城奚仲中学，因奚仲而得名，传承奚仲文化，弘扬创新精神。顺着创新文化的脉络，学校将创新精神渗透到物质环境的点滴之处，以求理念文化与环境文化的完美结合，最终实现环境育人的目标。

学校环境文化设计坚持以人为本、面向未来的设计理念，充分考虑校园的景观性、标志性、人文性，并与学校办学特点相结合，以“营造学生发展的最佳空间”为基点，力求“让学校的每一面墙都会说话”。

环境文化设计包括建筑外人文景观与建筑内文化设计两部分，坚持将学校理念、制度、视觉识别系统、整体和局部的文化营造进行整体规划，使独特的理念渗透到整体和局部的文化营造中，使之富有人性化和个性化，色彩注重明快活泼，简洁大方，突出视觉效果。学校通过环境文化设计，致力于塑造一个充满现代人文气息、绽放创新活力、和谐发展的智慧乐园。

建筑外人文景观设计

一、道路

学校道路并非对称而设，故根据其所处位置结合学校文化而命名，看似无主线，实则创新文化内蕴其中。

日新路：日新，意为日日有新，日日求新。以“日新”命名此路，意在激励师生怀着耐心和恒心，每天都有进步，每天都有创新，从而积累浩瀚的知识，成就伟岸的品格。

位置：入校门南北主干路。

日新路图

竞合路：竞，是拼搏进取、一往无前、百折不回。合，是同心同德、精诚协作、共生共赢。竞以立世，合以攀巅，竞合相济才可使学校登得更高、行得更远。以此为路名，体现了师生的创新品质及合作精神。

位置：入校门东西道路。

信步路：信步，语出毛泽东的《水调歌头·游泳》：“不管风吹浪打，胜似闲庭信步。”以此作为路名，寓意师生信心十足，在创新精神的引领下，迈着坚定的步伐走向成功。

位置：与主干路垂直的东西道路。

信步路图

竞华路：花开千朵姿各异，朵朵争艳竞韶华。以“竞华”命名此路，寓意学生朝气蓬勃，张扬个性，在创新中展自我风姿，绽放青春活力，学有所长。

位置：学生公寓处南北道路。

二、教学楼及宿舍

教学楼命名以“德”“慧”为主线，意在体现学校仰贤而思齐，致力于培养德智双馨的学生。

德润楼：德润于心，泽被万物。以“德润”命名此楼，寓意教师重视品德修养，明师德、立师表，一言一行，彰显教师风范；一举一动，润泽学生心灵。

位置：正对主干路的教学楼。

涵慧楼：涵慧，意为涵养智慧。以“涵慧”命名此楼，寓意莘莘学子品味知识芬芳，聆听科学旋律，在春风化雨、润物无声的环境中受教，从而启迪心智，焕发创造精神。

位置：竞合路前面教学楼。

宿舍之处，“静”字当头，学生公寓以“静”为主线命名，营造安静温馨的环境氛围。从南到北依次命名：

静畅楼：静畅，意为安静和乐。以“静畅”命名此楼，寓意学生身居其中，既可以安静休息，又突出同学之间和乐相处，氛围融洽。

静智楼：宁静而思，智慧通达。以“静智”命名此楼，意在体现环境安静适于思考，从而实现智慧涌动，创新无限。

静雅楼：静雅，意为娴静文雅，幽静雅致。以“静雅”命名此楼，既体现居住环境的幽雅，又展现了学生娴雅的性情、文雅的举止。

三、晨曦苑

晨曦苑：晨曦，意为清晨的阳光，象征着朝气蓬勃、奋发向上的精神面貌。晨曦苑，为宿舍楼所在的园子，既寓意学生如早上的太阳充满生机活力，富有创新精神；同时告诫学生要牢记“一日之计在于晨”，不可贪睡，要把握今天，珍惜青春时光。

晨曦苑的外墙左侧展示宣传栏，可根据具体情况展示相关内容。右侧则以园名与图画结合的方式来体现园之特征，一方面点名园子之名，又以兰花与蜜蜂来激励学生，要学习兰之品格——空谷幽香、孤芳自赏，无论何时都要相信自己，保持创新思维；要学习蜜蜂之品格——勤劳不辍，无论何时都不忘刻苦学习，以求每天都有进步。

晨曦苑朝向门口之内墙，书写“非学无以广才，非志无以成学”，与整个园子营造的氛围相适宜，鼓励学生以广才之心为学，以成器之心为学，既能乐于学习，又能刻苦学习，在丰盈知识中达到创新，最终成就学业。

晨曦苑图

四、校门外墙

校门外墙左侧以“传承奚仲文化，弘扬创新精神”为主题，简要介绍学校名称的来历，展示学校文化主题元素，将学校文化的精要言简意赅地展现出来；同时，辅以图画“奚仲、车轮、梅花”，既蕴含了奚仲造车的创新精神，又激励师生在治学、为学之路上学习梅之精神，刻苦磨砺自己，唯有如此才能实现创新，从一个侧面为学校增添了一抹文化重彩。

校门外墙图

五、文化墙

文化墙整体造型古朴，以精巧的框架与别致的圆形图案相间的形式来展示。框架结构中以图文并茂的形式展示奚仲文化，让师生沐浴其间，焕发创造精神；圆形结构中展示“梅兰竹菊”让师生学其风骨，涵养自身品格。

位置：竞合路前面。

六、墙体浮雕

1. 公寓楼浮雕。

公寓楼墙体浮雕通过图文结合的形式来展现。

古树挺立，干曲枝虬，绿意盎然。树下有奇石零星散落，营造了一种“静以修身”的意境，同时又与曾子之“自省”名言，相映成趣，相得益彰。此浮雕意在激励学生平时要注重自我省察，言行有规范，修得美好品行；善思考、明辨别，不断创新思维，学有所成。

位置：女生公寓楼梯一侧。

公寓楼浮雕图

2．涵慧楼浮雕。

此处墙体浮雕以“奚仲造车”为主题，采用图文并茂的形式展现，出自《说文解字》的名句是点睛之笔，实现了图与文的完美融合。

涵慧楼浮雕图

整个浮雕以“奚仲、车轮、学童”为主体设计元素，向无限远处延伸的线条象征着悠悠千年的历史，与上面的车轮共同构筑了一种意象——创新的历史车轮缓缓走过千年之路，推动着人类文明的发展进程。认真雕琢的学童，又契合了“创新无止境，实践出真知”之语，与整个墙面融为一体。

位置：涵慧楼一侧墙壁。

七、校徽、楼体字

校徽和楼体字是学校理念文化、视觉文化的最直观展现形式，具体设计如下：

1. 校徽。

校徽是学校的一张视觉名片，它可以最直观地表现学校的历史文脉和文化内涵，可以使学校形象更易深入人心。

（1）校门处。

奚仲中学校门图

（2）德润楼上。

德润楼图

2．楼体字。

· 校训——仰贤明德、行健日新。

位置：（1）涵慧楼楼顶。

（2）德润楼东面墙壁。

楼体字：校训等校园精神图

· 学校精神——同心共进、唯先必争。

位置：德润楼正面朝东向墙壁。

· 校风——博学笃行、和谐致美。

· 教风——竞合凝智、善教启新。

· 学风——善思明辨、乐学敏行。

· 管理理念——严管真爱、民主高效。

位置：德润楼东面墙壁。

楼体字：学校精神

· 服务理念——育人爱为源、创新人为本。

位置：静畅楼西面墙壁。

楼体字：服务理念图

八、宣传栏

宣传栏是学校文化、制度、动态等方面最直观和形象的体现，根据其分类设计如下：

1. 名校风采。

内容：包含校长寄语、校训、办学理念、办学目标、学校介绍、学校优秀教师和优秀学生介绍等。

2. 榜样在线。

内容：教师、学生在各门类学科竞赛、各种活动中取得的优异成绩，在日常生活中获得大家认可、褒扬并具有教育意义的行为事迹，同时附加简短寄语，从而以榜样的力量激发全体师生爱校之情，进取之心。

3. 学海探珠。

内容：学生学习心得介绍、学科知识、学习小技巧推介等；各科教师总结的学习规律和方法，针对学生阶段性学习情况提出的意见，向学生介绍学习小窍门，紧密同学间的关系，拉近师生间的交流，营造互相学习、互助互进、既竞争又和谐的学习氛围。

4. 妙笔生花。

内容：拼贴教师、学生的绘画、书法艺术作品，以心形、菱形、方形、矩形、圆形等多种图形创意组成，展现一片生机盎然的艺术情趣。

九、指示系统

指示系统分为符号指示系统（如禁止指示、公共环境指示）、办公室与教室标示牌等。样式统一设计，内容根据视觉 VI 规定制作。

建筑内文化设计

一、会议室外墙

会议室外墙设计有图文并茂的墙体浮雕，以“让创新为师生成长导航”

为主题，展示出学校的教育理念。

浮雕图形紧紧围绕“创新”理念展开：绿色是生命的象征，寓意师生的生命活力；三条阶梯式的线条，则象征师生在创新理念下，拾级而上，步步提高。整体图形诠释了文字主题，可谓文为图所言，图为文之意，实现了图文的完美结合。

二、办公室

办公室应体现严谨庄重、大方和谐的文化氛围。设计内容如下：

设置教师办公桌标识牌；

悬挂学校个性化白板；

悬挂风景艺术画和教师个性化教育格言；

悬挂办公室温馨小提示；

适当点缀绿色植物，如虎尾兰、吊兰等绿色植物。

三、教室

教室文化应体现浓厚的学习氛围、活泼的少年天性，以及积极的精神风貌。设计如下：

黑板正上方中间悬挂国旗，两侧展示校风。

黑板两侧分别悬挂三表栏、《中学生日常行为规范》。

普通教室(1)

教室两侧墙壁通过异型展板形式，展示催人奋进、富有感召性、激励性的双语名言。

教室后墙壁上方中间悬挂钟表，两侧展示学风，其下方黑板分为三部分，中间部分展示学生誓词，两侧分别以“言行规范我最美”“健康成长我最棒”为主题，展示班级内的品德及创新小明星。

普通教室(2)

四、走廊

1. 德润楼走廊，设计主题如下：

一层设计主题：奚仲文化。

以图文并茂的形式展示奚仲造车，以及由奚仲文化延伸出来的展现创新精神的小故事。

二层设计主题：修德立品。

以图文并茂的形式展示德育小故事，让学生明白成才先成人的道理，规范学生的言行，让学生在一言一行中立品。

三层设计主题：探索求真。

以图文并茂的形式展示世界上的未解之谜，通过向学生展示神奇而奥妙的世界，激发其探索的兴趣和求知的热情。

四层设计主题：心灵之旅。

以图文并茂的形式展示心理健康方面的知识，让处于青春期阶段的学生释放压力，赶走困惑，保持良好的心态。

五层设计主题：人文养智。

以图文并茂的形式展示中国文化与自然遗产知识的内容，使学生了解祖国灿烂的人文景观，从而增长学识，启迪智慧。

2. 涵慧楼走廊，设计主题如下：

一层设计主题：励志方有成。

以图文并茂的形式展示励志小故事，告诫师生在创新之路上须保持坚韧的意志，持之以恒，方有大成。

二层设计主题：诗画成雅趣。

以图文并茂的形式展示历代名诗佳作，诗文编织着思维的乐趣，书画描绘出艺术的乐趣，让学生在诗情画意之中自得其乐，学有所长。

三层设计主题：科技大博览。

以图文并茂的形式展示古今中外的科学成就，让学生在博览过程中激发热情，焕发创造活力，勇攀科技高峰，创新不止。

五、楼梯

楼梯文化设计采用异型展板形式，通过展示书法艺术、文明礼让等内容，融艺术性与教育性于一体，让学生在艺术中发现美、欣赏美、感悟美，营造和谐、静雅的环境氛围，使师生在上下楼梯时就可以感受艺术之美，教育之光。

楼梯